정보책에서 길찾기

I. 지도 편

현은자 외

저자소개_

·• 현은자

이화여자대학교 교육학과 유아교육학 전공
University of Michigan 교육학 박사
현재) 성균관대학교 아동학과 교수
저서) 기독교 세계관으로 아동문학 보기
　　　그림책의 그림 읽기(공저)
　　　그림책의 이해 1, 2 (공저) 外
논문) 알파벳 북의 즐거움
　　　성경그림책의 그림읽기
　　　논픽션 아동 도서에서의 작가의 관점 外

·• 나선희

서강대학교 대학원 불어불문학과 박사과정 수료
성균관대학교 대학원 아동학과 박사과정 수료
현재) 호남대학교 강사
역서) 꽃 피우는 아이 티스투
　　　나무의 비밀
　　　커다란 나무
　　　지중해의 역사(공역) 外
논문) 세계를 새롭게 인식한 세라피타-세라피튀스의 꿈

·• 윤아해

성균관대학교 대학원 아동학과 박사과정 재학 중
현재) 중앙대학교 사회교육원 강사
저서) 누가 먼저 먹어야 할까?
　　　내 친구 고흐아저씨
　　　내 친구가 되어 줄래? 外
논문) 총체적 언어 접근에서의 문식성발달에 대한 교사의 신념

·• 육길나

배재대학교 대학원 유아교육학과 박사과정 재학 중
현재) 건양대학교 아동보육학과 겸임교수
저서) 아동문학교육에 기초한 동화구연

·• 김시정

성균관대학교 대학원 아동학과 석사
전)　　대건 유치원 교사
현재) 세경대학 유아교육과 강사

·• 이임숙

성균관대학교 대학원 아동학과 석사
현재) 목포과학대학 강사
　　　맑은숲 독서치료교육센터 소장
저서) 독서치료의 실제 (공저)

·• 정혜정

성균관대학교 대학원 아동학과 석사
전)　　'04 인표 어린이 도서관 근무
현재) '06 곰 세마리 어린이 도서관 사서

·• 김선화

성균관대학교 대학원 아동학과 석사과정 수료
한국 언어 사고 개발원 연구원

·• 신지혜

성균관대학교 대학원 아동학과 석사과정 수료

정보책에서 길찾기 I. 지도 편

현은자 외

정인 출판사

　특별히 어린이를 위해 최초로 쓰여진 그림책은 오늘날의 정보책에 해당하는 책이었습니다. 널리 알려진 바와 같이, 1657년 아모스 코메니우스는 그림 사전 형태로 된 세계 최초의 그림책이자 정보책을 내놓습니다. 목판 인쇄본인 『Orbis Sensualium Pictus』, 즉 『세계도회』라는 책이 바로 그것입니다. 코메니우스의 교육관이 반영된 이 책은 당시로서는 매우 창의적이고 혁신적인 것으로, 많은 사람들로부터 극찬을 받았습니다. 이 책은 출판 이후 세계 각국의 언어로 번역되었으며, 유럽의 귀족과 지식인의 자녀들은 어김없이 이 책을 읽으면서 자랐고, 괴테 역시 어린 시절 이 책의 독자였음을 술회한 적이 있습니다.

　그러나 정보책은 언제부터인가 아동문학의 변방으로 밀려났고, 대신 픽션이 어린이책의 대명사처럼 사용되며 아동 문학의 대부분을 차지해왔습니다. 그리고 이러한 상황은 지금도 크게 변하지 않고 있습니다. 어린이 추천 도서 목록을 보면 픽션이 큰 비중을 차지하고 있으며, 신문의 서평이나 전문 서평지에서도 정보책은 픽션에 비해 적게 다루어지고 있는 실정입니다. 이러한 사실은 세계적인 어린이책 출판 동향에 비추어보면 놀라운 사실이 아닐 수 없습니다. 전 세계적으로 어린이책 출판시장에서 정보책의 출판량이 픽션을 크게 앞서고 있으며, 기획 및 편집에서 비약적인 발전을 보여준 작품들 역시 대부분 정보책이기 때문입니다. 갈리마르나 DK에서 펴낸 정보책과 같이, 신선하며 흥미를 불러일으키는 주제, 화려한 편집 디자인과 표지, 매력적인 내용의 배열과 조직 방식 등으로 독자의 눈길을 사로잡는 정보책이 많이 쏟아져 나오고 있기 때문입니다.

　정보책의 특징은 허구의 이야기가 아니라 사실을 다루는 것이라고 할 수 있습니다. 그러나 정보책에서의 사실의 선택과 수집 및 배열은 작가가 무엇을 중요하게 생각하며, 독자들과 무엇을 나누고 싶어 하는 지를 보여줍니다. 다시 말하면 정보책 안에 제시된 사실은 작가의 관점과 세계관이라는 체에 걸러지고 정리된 것입니다.

그뿐만 아니라, 정보책 작가들은 자신이 수집한 사실을 독자에게 효과적으로 전달하기 위해 다양한 글쓰기 방식을 선택합니다. 따라서 정보책 역시 매우 창의적이고 문학적일 수 있습니다. 글자책, 수 세기책, 개념책이 있는가 하면 사진을 주로 사용한 포토에세이, 그림이 많은 정보를 제공하는 정보그림책이 있으며, 한 권에 하나의 주제를 담아 시리즈로 펴내는 책이 있는가 하면, 매우 전문적인 정보를 담고 있는 책도 있습니다. 정보를 연대순으로 제시한 책이 있고, 만화의 형식은 물론 시의 형식을 빌려온 책과 심지어는 문답식 구성으로 정보를 소개하는 책이 있습니다. 또한 픽션과 같이 매우 풍부한 서사구조를 이용하여 정보를 전달하는 책도 있습니다. 이러한 다양한 글쓰기 방식은 우선 내포독자를 고려한 것으로 이해될 수 있습니다. 그러나 그것은 동시에 정보책 또한 작가의 상상력과 문학성이 중요한 토대가 되는 장르임을 보여주는 것이라 할 수 있습니다.

이 책은 크게 5부로 이루어져 있습니다. 서론에 해당하는 1부에서는 정보책의 성격과 출판 역사 및 평가 기준을, 2부에서는 '지도'라는 주제를 선정하게 된 이유와 학교에서의 지도 학습과 정보책의 활용 가능성을, 3부에서는 정보책의 일반적인 도서 활용방법을, 4부에서는 본 연구를 위해 선정된 정보책에 대한 서평을, 그리고 마지막으로 5부에서는 선정된 지도 정보책을 활용한 교육활동을 소개하고 있습니다.

우리가 정보책이 다루는 수 많은 주제 중에서 '지도'에 관심을 갖게 된 이유는 지도가 우리의 일상생활과 맺고 있는 밀접한 관계 때문입니다. 지도가 공간에서의 길을 안내해주는 그림이라는 단순한 정의를 따른다면, 공간 내에 존재하는 우리는 의식적으로나 무의식적으로 항상 지도를 사용하고 있다고 할 수 있습니다. 지도는 또 의사소통의

수단이기도 합니다. 지도를 구성하는 수 많은 기호들은 사회 구성원들의 약속에 따른 언어이기 때문입니다. 또 지도는 시대 및 사회의 변화에 따라 중요하게 생각되는 요소를 중심으로 형태에 변화를 겪기도 합니다. 지도는 이렇듯 지도를 만든 개인이나 집단, 혹은 사회의 지도 제작의 목적과 사회 정치적 상황, 그리고 더 나아가 그들의 가치관과 철학을 담고 있습니다. 지도는 우선 숱한 역사가 증명해준 바와 같이, 땅에 대한 소유권을 주장할 때 결정적인 근거가 되기도 합니다. 예를 들어 16세기부터 식민지 쟁탈에 열을 올린 유럽에서는 가장 시급하고 중요한 과업으로 자국의 탐험가들에게 그들이 새로 발견한 땅에 대해 상세 지도를 작성하게 하였습니다.

그러나 우리 민족은 지도 제작에 대해 매우 소극적인 태도를 취해 왔음을 알 수 있습니다. 그래서인지 한국인들의 지도 사용 능력은 다른 나라 사람들에 비해 많이 뒤떨어져 있다고 합니다. 물론 이에 대한 원인으로 현재 지도교육과 관련된 학교 교육에서의 문제점이 지적되기도 합니다. 다시 말해 실제 교육 현장에서 이루어지고 있는 지도교육은 지도에 대한 기술적 지식을 습득하는데 집중되어 있으며, 생활에서 필요한 지도 읽기는 소홀하다는 점입니다. 이러한 현상은 기술적 지식만 습득하면 활용 능력은 저절로 길러진다는 식의 오해에서 비롯된 것으로 여겨집니다.

본 연구서는 성균관대학교 아동학과 대학원에서 아동문학교육을 공부하고 있는 석·박사 과정의 대학원생들이 공동으로 작업한 결과입니다. 이들 대부분은 아동문학과 관련된 분야에서 전문적인 경력을 쌓고 있는 사람들로서, 문학교육 전문 기관을 운영하거나 어린이 독서 지도를 하고 있으며, 정보책 글 작가나 번역 작가로 활동하고 있습니다. 지금까지 픽션 중심으로 구성된 연구 및 활동 분야에서 다소 벗어나, 정보책이 갖는 문학적, 교육적 가치를 제대로 알리고, 그것을 교육현장에서 활용할 수 있는 구체적인 방안을 제시해보자는 생각이

동기가 되어, 2년 전부터 이 작업에 착수하게 되었습니다.

소개된 정보책은 지도를 주제로 한 책 가운데 국내에서 최근에 출판된 것으로서, 집필진의 토론과 엄격한 선정과정을 통해 채택된 것입니다. 그리고 그 책의 내용을 토대로 제시한 확장된 학습활동은 특히 유치원과 초등학교 연령의 어린이들에게 초점을 맞추어 구성한 것입니다.

마지막으로 본서가 나올 수 있도록 도와주신 여러분께 이 지면을 빌어 감사의 말씀을 전합니다. 우선 어린이와 함께 책을 읽고 독후 활동을 해볼 수 있도록 허락해주신 도서관과 여러 유치원, 독서교육기관의 선생님들께 감사드립니다. 또 집필뿐만 아니라 원고 교정에 힘쓴 박사과정의 나선희 씨에게도 감사드립니다. 그리고 저희들의 원고를 아름다운 책으로 만들어주신 정인출판사의 박찬익 사장님과 편집부의 여러분께 깊은 감사를 표합니다.

연구자를 대표하여 현은자.

목차
contents

Ⅰ. 이론

Ⅱ. 정보책과 지도

Ⅲ. 정보책 활용 방법론

Ⅳ. 선정된 지도책 서평

V. 관련 활동

VI. 실제 활동의 예

부록

I. 이론

Ⅰ. 이론

1. 정보책의 정의

　정보책(informational books)이라는 용어는 학부모나 교사를 비롯한 일반인에게는 다소 생소한 개념이다. 독서교육 관련 기관과 연구 모임에서조차도 '정보책' 대신 '정보 지식책', '과학책' 과 같은 용어를 사용하고 있기 때문이다.

　정보책을 간단히 정의하면 '정보와 사실을 담고 있는 책' 이라 할 수 있다. 이야기를 담고 있는 문학을 픽션이라 부른다면 정보책은 이야기보다는 지식 전달에 초점을 두는 책이다. '정보책' 은 흔히 '논픽션' (nonfiction)과 혼용되어 사용된다. 컬리넌과 갤더(Cullinan & Galda, 2002)같이 정보책을 논픽션과 거의 동의어처럼 사용하고 있는 학자들이 있는가 하면 어떤 학자들은 '논픽션' 이라는 용어대신 '정보책' 이라는 용어를 사용하고 있다(Huck, Helpler, Hickman & Kiefer, 1997). 또한 논픽션에 정보책과 전기(biography)를 포함시키기도 한다(Lukens, 2003). 본서에서는 이러한 '논픽션 도서' 라는 의미로서 정보책이라는 용어를 사용하고자 한다.

　정보책은 흔히 픽션(fiction)과 비교·대조된다. 픽션과 정보책 모두 이야기와 사실을 포함할 수 있으나 이 둘을 굳이 구분해보면 픽션에서는 이야기가 주가 되는 반면, 정보책에서는 사실이 우선되며, 이야기는 단지 표현기법으로서 사용된다. 이야기와 정보를 혼합하는 정보책은 특히 영아와 유아를 대상으로 하는 책에서 자주 볼 수 있다. 최근에는 나이든 아동을 위한 정보책 중에서도 매우 의도적으로 픽션의 요소를 차용하여(가장 좋은 예는 조안나 콜의 〈신기한 스쿨버스〉시리즈일 것이다) 픽션과 정보책의 경계를 희미하게 만드는 책들도 있으나 이 경우에도 우리는 작가와 출판사의 기획의도에 따라 그 책을 정보책으로 분류할 수 있다.

2. 정보책의 역사

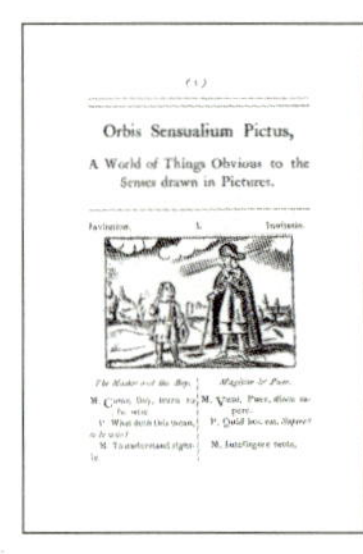

『세계 도회(Orbis Pictus)』

어린이를 위해 최초로 쓰여진 정보책은 1657년 존 아모스 코메니우스(John Amos Comenius, 1592~1670)의 『세계 도회 Orbis Pictus』로 알려져 있다. 라틴어와 독어로 쓰여지고 목판으로 그려진 이 정보 그림책은 현대의 그림 사전의 형태를 띠고 있으며 인간과 자연의 역사를 제시한 것이다. 이 책은 글만큼 그림이 중요해진 최초의 그림책이자, 어린이라면 누구나 익혀야 할 세상에 대한 정보를 전달하기 위해 만든 최초의 어린이 정보책이라고 할 수 있다. 150가지의 주제는 작가의 기독교적인 세계관을 기초로 하여 선정되고 조직된 것으로, 1주제인 '신'으로부터 시작하여 150주제인 '최후의 심판'으로 끝난다. 이 책은 한 가지 주제에 대응되는 목판화 삽화를 실었는데 이러한 식의 어린이책은 그 당시에는 획기적인 것이었다. 이 책의 사려 깊고 잘 계획된 텍스트와 조심스럽게 고안된 그림은 서로 대응하면서 사물의 이름뿐 아니라 자연과 문화에 관한 정보를 전달한다.

영국은 아동도서 출판이 가장 먼저 시작된 나라인 만큼 정보책의 출판 역시 오랜 역사를 가지고 있다. 영국의 존 뉴베리(John Newbery, 1713~1767)의 책을 보면 뉴베리가 이야기 그 이상에 관심을 가지고 있었음을 알 수 있다. 1756년에 인쇄된, 한 책의 광고 문안이 그 사실을 단적으로 보여준다. 거기에는 '어린이를 위한 작은 로터리 책, 글자와 숫자를 가지고 놀 수 있는 새로운 방법이 담긴 책'이라고 소개되어 있다(Heeks, 1996). 또 다른 예로는 미국의 교훈서인 『뉴 잉글랜드 입문서』에 속하는 것으로서 사무엘 굿리치(Samuel Goodrich, 1793~1860)에 의해 쓰여지고 1827년에 출판된 『미국에 관한 피터 팔리의 이야기 Tales of Peter Parley about America』를 들 수 있다. 굿리치가 피터 팔리라는 필명을 사용하여 쓴 그 책은 미국의 역사, 여행, 자연 등의 이야기가 담겨 있다. 처음에는 좀 산만한 역사책이었으나 이후에 120권이 더 출판되면서 보다 광범위한 장소와 주제를 다루게 되었다.

2차 대전 이후 어린이책의 출판 시장이 대서양을 건너, 세계의 강대국으로 새롭게 부상한 미국으로 이동함에 따라, 어린이 정보책의 출판에서 미국은 세계의 선두를 달리게 되었다. 미국의 어린이 정보책 출판 역사를 보면 다양한 정치·사회적 요인이 정보책의 출판에 영향을 미쳐왔음을 알 수 있다. 미국의 어린이 정보책의 역사를 제임스 크로스 기블린(James Cross Giblin, 1933~)이 쓴 『인류의 이야기에서-

에이즈의 연구까지 From *The Story of Mankind* to Studies of AIDS』(2003; 91-100)에 기초하여 요약하면 다음과 같다.

미국에서는 1919년에 맥밀란(McMillan) 출판사가 어린이 도서 전담 부서를 만들었으며 세계에 관한 지식을 담은 여러 종류의 책을 출판하였다. 당시 그 부서의 책임자는 루이스 시맨(Louise Seaman, 1894~1985)으로, 그녀는 이미 맥밀란 출판사에서 재능을 인정받고 있던 터였다. 그녀는 그 당시 미국 교육의 혁신의 대명사라고 할 수 있는 진보주의 학교에서 가르친 경력이 있었으며, 어린이들이 주변 세상에 대해, 그리고 또 사물이 어떻게 작동하는지에 많은 호기심을 가지고 있다는 사실을 알고 있었다. 그녀가 출판한 책 중에는 초기부터 다양한 정보책이 포함되어 있었다. 제니 홀(Jennie Hall, 1875~1921)의 『묻혀진 도시 Buried Cities』(1922), 에릭 베리(Erick Berry, 1892~1974)의 『아프리카의 소녀들 Girls in Africa』(1928), 그리고 탁월한 사진작가인 루이스 하인(Lewis Hine, 1874~1940)이 쓰고 사진을 찍은 『노동현장의 아이들 Kids at Work』(1932) 등이다.

『노동현장의 아이들 (Kids at Work)』

정보책은 일찍부터 어린이 도서상의 관심이 되어 왔다. 첫 번째 뉴베리 메달은 1922년 반 룬(Van Loon, 1882~1944)의 『인류의 이야기 The Story of Mankind』(1921)라는 정보책이 차지했다. 그러나 그 이후로는 2006년도까지 오직 6 종의 논픽션만이 뉴베리 메달을 수상하였다. 수상작은 모두 전기였으며 한결같이 미국인에 관한 것이고 한 권만 여성을 다룬 것이었다. 비서구인을 다룬 전기로서는, 1951년 자네트 이튼(Jeanette Eaton, 1886~1968)이 쓴 『간디 : 검없는 투사 Gandhi : Fighter Without a Sword』(1950)가 최초로 뉴베리 영예상을 받았다. 줄리우스 레스터(Julius Lester, 1939~)의 『노예가 되기 To Be a Slave』(1968)는 아프리카 미국인의 역

사를 다룬 책으로는 최초로 뉴베리 영예상을 수여한 작품이
다.

어린이를 위해 쓰여진 초기 전기의 특징 가운데 하나는 주
인공이 생을 마감하기 전에 이야기가 끝난다는 것이다. 예
컨대, 1940년 칼데콧 메달을 수상한, 잉그리 돌레르(Ingri d'
Aulaire, 1904~1980)와 에드거 패린 돌레르(Edgar Parin d'
Aulaire, 1898~1986)의 그림책인 『아브라함 링컨 Abraham
Lincoln』에는 링컨의 암살 장면이 그려져 있지 않다. 대신
남북전쟁이 끝난 후 안락의자에서 휴식을 취하고 있는 링컨
대통령의 모습이 마지막 페이지에 등장한다. 그러한 결말은
어린이를 어두운 현실로부터 보호하고 행복한 결말을 보여
주기 위한 것이다.

『아브라함 링컨(Abraham Lincoln)』

정보책이 비약적으로 출판되기 시작한 것은 1957년 소련
이 인공 위성 스푸트닉(Sputnik)호를 발사한 이후 학교의 교
육개혁이 시작되면서부터다. 또한 흑인과 여성의 시민 운
동이 한창이던 1964년 미국의 존슨 대통령이 '위대한 사회'
(Great Society)프로그램을 선포하면서 학교와 공공 도서관
은 재정적인 지원을 받아 모든 종류의 어린이 도서를 구입
할 수 있었는데, 특히 정보책 구입에 가장 많은 기금이 제공
되었다. 흑인들은 자신들의 역사를 새로 쓰는 데에 적극적
인 역할을 한 영웅적인 인물에 관심을 갖게 되었다. 그리고
그것이 계기가 되어 어린이 정보책 분야에서도 흑인작가에
의해 흑인 영웅이 그려지게 되었다.

1970년대와 1980년대에는 도서관 지원을 위한 연방 기금
이 축소되었다. 따라서 어린이 책 출판사는 학교와 공공 도
서관 대신 서점으로 눈을 돌려야 했다. 소비자의 관심을 끌
기 위해 그림책은 더 화려해지고 청소년 논픽션 역시 더욱
더 시각적인 형태로 바뀌게 되었다. 1970년대에 사람들의

눈길을 끌었던 논픽션 책은 대부분 두껍고 양질의 종이에 화질이 뛰어난 흑백과 칼라 사진으로 구성되어 있었다. 그리고 이런 유형의 책은 후에 포토에세이(photo essay)라 불리어졌다.

1980년대에 들어 논픽션 도서는 시각적으로 더 화려해졌다. 그와 동시에 논픽션 그림책의 독자층 또한 한층 넓어졌다. 유아뿐 아니라 초·중등생들도 즐겨 읽는 논픽션이 출판되었다. 정보책이 점점 더 매력을 더해갈수록 비평가들의 관심도 높아졌으며 논픽션만을 대상으로 한 새로운 상이 제정되었다. '논픽션을 위한 보스톤 혼 북 상'(Boston Horn Book Award for Nonfiction), '논픽션을 위한 황금 연 상'(Golden Kite for Nonfiction), 미국영어교사위원회에서 제정한 '세계도회 상'(Orbis Pictus Award), '워싱톤 포스트 어린이책 길드 상'(Washington Post Children's Guild)이 생겨났다.

뉴베리 상 위원회도 그림이 그려진 새로운 종류의 논픽션에 큰 관심을 보이기 시작했다. 1970년대에 걸쳐 뉴베리 영예상으로서 단 한 권의 논픽션 도서만이 선정되었으나 1980년대에는 3개의 작품이 선정되었다. 그리고 1988년에는 뉴베리 메달이 러셀 프리드만(Russell Freedman, 1929~)이 쓴 포토에세이인 『링컨 : 사진 전기 Lincoln : A Photo biography』에게 돌아갔다. 이것으로 1956년 이후 32년 만에 정보책이 뉴베리 메달상을 수상하게 되었다.

1980년에 등장한 기념비적인 정보 그림책은 피터 스파이어(Peter Spier, 1927~)의 『사람들 People』이라고 할 수 있다. 작가는 이 커다란 책에서 특유의 가는 선과 수채화 양식을 이용하여 인류의 보편성과 더불어 각 문화의 고유성을 그려내고 있다.

『링컨 : 사진 전기
(Lincoln : A Photo biography)』

20년간의 혁신의 시대를 거쳐, 1990년대에는 정보책이 견고히 자리잡게 되었다. 러셀 프리드만은 또 다시 전기로 두 번이나 뉴베리 영예상의 영광을 안았다. 그리고 짐 머피(Jim Murphy, 1967~)는 『대 화재 The Great Fire』(1995)로 1997년 영예상을 수상했다.

최근 정보책은 전 세계에서 어떤 장르보다도 활발하게 출판되고 있을 뿐 아니라 질이나 양에 있어서도 매우 큰 발전을 보이고 있다. 미국의 초등학교 도서관과 공공 도서관의 경우 비치된 아동 도서 중 60~70%가 정보책인 것으로 보고되고 있다.

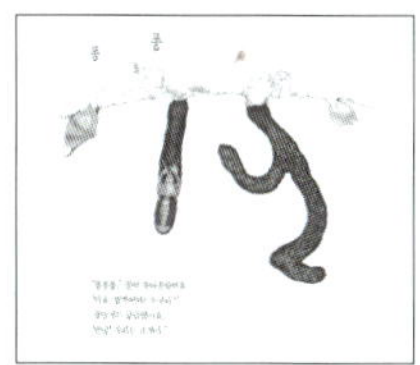

『갯벌이 좋아요』

한국에서 본격적으로 정보책이 출판되기 시작한 것은 1990년대 중반부터다. 보림 출판사의 전통문화 그림책 〈솔거나라〉 시리즈(1995)가 그 시조라 할 수 있다(현은자, 김세희, 2005). 이 시리즈는 전문가와 그림 작가가 함께 작업한 것으로, 유애로의 『갯벌이 좋아요』(1995)와 『쪽빛을 찾아서』(1996), 김향금 글, 최숙희 그림의 『세상을 담은 그림지도』(2003) 등이 포함되어 있다. 이 시리즈는 현재도 계속 출판되고 있는데 대부분 그림이야기책의 형태를 띠고 있으며 어린이들에게 우리 문화의 뿌리를 일깨워 주고 외국에 우리 문화를 소개하는 역할을 하고 있다. 또한 웅진 출판사 발행, 윤구병 기획의 〈달팽이 과학동화〉(1994) 전집 역시 우리나라 정보 그림책의 발전에 많은 영향을 미쳤다. 2000년부터는 40권 개정판으로 도서 출판 보리에서 출판, 전집과 단행본으로 판매되고 있다. 이태수의 『세밀화로 그린 보리 아기 그림책』(1996)은 정보책에서 세밀화라는 독특한 화풍을 보여준 책이다.

『세밀화로 그린 보리 아기 그림책』

책에 대한 활발한 평론은 좋은 책을 만들어내는 데 중요한 토양을 제공해준다. 그러나 정보책은 질과 양에서 높은 성장을 보이고 있음에도 불구하고 아동도서 비평가와 대학의 연구자들 사이에서 다른 장르의 아동 도서에 비해 덜 주목받고 있는 실정이다. 외국의 추천 도서 목록이나 서평에서도 정보책은 출판 비중에 비해 덜 언급되고 있고, 국내에서도 1990년대 들어 이루어진 그림책 관련 연구 대부분이 픽션과 관련된 것이며 정보책을 다룬 연구는 거의 없다. 2000년도에 개최되었던 어린이 도서연구회의 창립 20주년 기념 세미나에서도 도서연구회의 도서 선정시 정보책에 더 많은 관심을 기울여야 한다는 주장이 제기된 바 있다(김중철, 2000). 그런가 하면 또 2002년부터 2004년도까지 발표되었던 그림책 서평을 분석한 심향분(2005)의 연구는 논픽션에 대한 서평의 수가 픽션의 그것보다 훨씬 적은 것을 보여주었다. 그림책 서평을 실은 3개의 주요 서평지를 분석해본 결과 픽션에 대한 서평이 차지하는 비율은 71%, 논픽션에 대한 서평이 차지하는 비율은 29%로 나타나 큰 차이를 보이고 있었다.

또한 교육현장에서의 정보책 활용도 기대만큼 활발하지 않은 편이다. 정보책은 그 무엇보다도 학교의 교과과정과 연계해 활용할 수 있는 도서다. 그러나 국내의 유아교육기관과 초등학교에서의 정보책 활용률은 극히 저조한 편이며 그 원인으로는 정보책에 대한 인식부족과 정보 부족, 그리고 활용법에 대한 지침서의 부족을 들 수 있다(조은정, 현은자, 2003). 반면, 외국에서는 이미 정보책을 초등학교 교육과정과 연계해 교육적 효과를 높이려는 연구가 활발히 진행되고 있으며 적용되는 교과도 사회, 과학, 예술 등 전 교과 영역을 망라하고 있다(Freeman & Person, 1992: Moss, 2003).

국내에서도 번역본과 창작책을 포함하여 최신의 정보를

다룬 정보책에 대한 출판사들의 관심이 어느 때보다도 높아
지고 있는 만큼 어린이 교육 종사자들이 정보책을 평가하고
활용하는 데 있어 도움을 받을 수 있는 자료의 개발이 시급
하다 하겠다.

3. 정보책의 출판 경향

1990년대 이후 어린이 정보책은 양적 증가는 물론 질적으
로도 상당한 진전을 보이고 있는 추세다. 많은 출판사가 정
보책 출판에 참여하고 있으며 이전보다 더 많은, 그리고 더
매력적인 정보책을 선보이고 있다. 매년 열리는 이태리 볼
로냐 어린이도서전에서도 정보책의 비중은 점점 더 높아지
고 있다. 이러한 국제적인 출판 동향을 정리해보면 다음과
같다.

1) 이야기 정보책이 증가하고 있는 추세다. 정보책은 글쓰기
방식에 따라 크게 두 가지 유형으로 나눌 수 있다. 서사 구조
를 띤 정보책(narrative nonfiction) 혹은 이야기 정보책
(informational storybook)과 서사가 없는 정보책
(nonnarrative nonfiction)이다. 이야기 정보책은 픽션의 요
소가 포함된 것으로 독자의 흥미를 끌 수 있다는 점에서 그
렇지 않은 정보책보다 어린 연령의 독자들에게 매력적인 것
으로 알려져 왔다.

　픽션의 요소를 포함한 정보책은 정보 전달에서도 효과적인 것으로 여겨지고 있다. 정보책의 기본 목표가 정확한 정보 전달에 있지만, 그것만으로 충분하다고 할 수 없다. 훌륭한 정보책은 주제에 생기를 주어 생생하고 믿을 수 있는 세계를 창조하여 그 주제를 독자들이 자신의 삶과 연결시킬 수 있는 것이어야 한다. 따라서 정보책 작가들은 이러한 세계를 창조하기 위해 다양한 문학적 장치를 사용하고 있다(Giblin, 1996).

　2) 현대의 정보책은 디자인과 그래픽, 그리고 일러스트레이션을 강조하고 화려한 색채감을 중시한다. 정보책은 글뿐만 아니라, 사진이나 일러스트레이션, 캡션(captions), 그리고 사이드바(sidebars) 등 시각적 텍스트를 통해 글 이상의 정보를 전달하고 있다. 정보책에서 시각적인 정보가 강조된 데에는 인쇄와 출판기술의 발전과 현대 사회의 시각문화가 커다란 원인으로 작용했다고 할 수 있다.

　글 텍스트 읽기가 연속적이고 단선적인 과정이라고 할 수 있다면, 시각적 자극 읽기는 비연속적, 비단선적 과정이다. 따라서 정보책 읽기에서 읽기(reading) 만큼 중요한 것이 바로 보기(viewing)이다. 독자를 관객-독자(viewer-reader)라고 부르는 것도 바로 그 때문이다(Kerper, 2001). 이러한 책들은 어린이들이 지면에 제시된 모든 정보를 읽도록 요구하는 것이 아니라 독자 자신이 정보를 선택적으로 찾아 읽도록 유도한다. 다시 말해 컴퓨터의 모니터를 들여다보면서 필요한 곳에서 마우스를 클릭하는 사람처럼 독자는 눈으로 '가리키고 클릭하는(point and click)' 것이다. 그러니까 과거의 독자가 오로지 글의 내용과 상호작용을 했다면, 지금은 시각적 자극과 상호작용하며 관심 분야를 스스로 선택하면서 자신의 텍스트를 구성할 기회를 갖게 되었다(Kerper, 2001).

3) 영아용 정보책이 늘고 있다. 유아교육의 중요성이 인식되면서 어린 유아를 위한 정보책이 잇따라 출간되고 있다. 개념책, 사물의 이름을 알려주는 명명하기 책(identification book), 그리고 입체책과 이전에는 볼 수 없었던 토이북과 같은 기발하고 독창적인 형태의 영아용 정보책이 그 예다.

4) 유머와 사실을 조화롭게 결합시킨 책이 출간되고 있다. 이러한 책은 즐거움과 가르침을 동시에 제공해준다는 점에서 어린이 도서로서 매우 적절한 형태라 할 수 있다. 예를 들어, 조안나 콜(Joanna Cole, 1944~)의 〈신기한 스쿨 버스〉(Magic School Bus)시리즈와 칼라 쿠스킨(Karla Kuskin, 1932~)이 글을 쓰고 마르크 시몽(Marc Simont, 1915~)이 그린 『필하모니 연주자들이 옷을 입다 The Philharmonic gets dressed』(1982)는 주제와 관련된 사실이외에도 사건과 인물 묘사에서 유머를 적절히 사용하고 있다. 색스턴 프리먼(Saxton Freymann, 1958~)과 주스트 엘퍼스(Joost Elffers)의 작품인 『당신은 어떻게 껍질을 깎고 있나요? : 무드가 있는 음식 How are you peeling? : Foods with moods』(1999)은 과일과 채소를 소재로 하여 인간의 다양한 정서를 유쾌하게 표현하고 있다.

『필하모니 연주자들이 옷을 입다
(The Philharmonic gets dressed)』

5) 독자의 참여를 유도하는, 실험적이고 혁신적인 형태의 정보책이 출간되고 있다. 접힘 장치(lift-the flap)나 책 안의 작은 책, 펼쳐보기, 차트 돌리기 등의 방식을 이용한 것으로, 프랑스의 갈리마르 출판사가 제작한 〈지식의 뿌리〉(Roots of

Knowledge) 시리즈가 그 한 예다. 이런 유형의 책은 다양한 제작기술을 사용하여 독자가 적극적으로 정보 찾기에 참여하며 한 가지 주제에 입체적으로 다가가도록 돕는다.

6) **점점 더 세분화된 전문 주제를 다루고 있다.** 전문적인 정보를 다룬다는 점에서는 과거 정보책과 다를 바 없지만 최근에는 보다 세분화된 주제에 초점을 맞추고 있다. 이러한 책들은 공통된 주제나 교과목과 연결된 시리즈의 형태로 출간되고 있으며 특별한 형식으로, 출판사가 엄선한 저자에 의해 쓰여지는 경향이 있다.

7) **그동안 금기시 되었던 주제가 등장하게 되었다.** 아동학대, 십대 혼외 임신, 낙태, 동성애와 같은 주제는 어린이 도서에서 꺼리던 주제였으나 시대적 요청은 물론, 독자층이 유아에서 청소년으로까지 확대되면서 그들에게 이슈가 되는 주제를 간과할 수 없게 되었다.

8) **작가의 관점과 작품의 문학성이 강조되고 있다.** 이전의 백과사전식 정보책이 거리감이 느껴지는 전지적 서술방식을 취했다면, 최근의 정보책은 작가의 고유한 목소리를 가진 것들이 많다. 실제로 책의 집필 여부와 주제를 결정하는 과정에서 가장 큰 역할을 하는 것은 작가의 비전(vision)이다. 작가가 관심을 가지는 것, 그리고 중요하다고 여기는 것은 우연히 생겨난 것이 아니다. 그의 성장 배경, 경험, 지식, 성격, 가치관, 심지어 그가 속해있는 성(sex)이 그가 쓰려고 하는 동기와 주제에 영향을 미칠 수 있다. 정보책에 드러난 작가의 관점과 문학성은 최근 정보책을 평가하는 중요한 기준이 되고 있다. 예를 들어, 기블린과 같은 학자는 좋은 논픽션

도서가 갖추어야 할 요소로, 자료의 정확성과 더불어 유머와 극적인 요소, 문학성과 익숙한 주제를 바라보는 신선한 관점을 강조한다.

9) **정보책이 권위 있는 도서상의 수상작이 되고 있다.** 도서상에서 전통적으로 픽션이 누려왔던 영예는 점차 논픽션 도서에까지 확장되고 있다. 어린이 도서상 중 하나인 '보스톤 글로브-혼 북 상'(The Boston Globe-Horn Book Awards)은 오래 전에 논픽션 분야의 상을 따로 제정한 바 있다. 그리고 1990년에는 전국영어교사위원회(NCTE : National Council of Teachers of English)에서 논픽션 도서를 대상으로 하는 '세계도회상'(Orbis Pictus Awards)을 제정하였다. 이러한 움직임은 정보책이라는 장르가 아동도서의 주변부에서 중심으로 이동하고 있음을 말해주는 좋은 예라 할 수 있다.

4. 정보책의 종류

정보책의 분류 방식은 그 종류만큼이나 다양하다. 정보책은 우선 책에 담긴 내용에 따라 자주 교과목이나 주제의 한 범주로 분류된다. 정보책을 이런 방식으로 분류할 경우, 그것을 교수 매체로 사용하고자 할 때 보다 쉽게 교육과정과 연계해볼 수 있다는 장점이 있다. 컬리난과 갤더(Cullinan & Galda)의 경우처럼, 정보책을 과학, 사회, 수학, 언어, 음악과 예술 등 교과목별로 분류하는 방식이 이에 해당된다.

또한 주제별 분류 방식도 있다. 김현희와 박상희(1999)는 『유아문학교육』에서 수, 글자, 색, 크기, 양, 모양, 교통기관, 생물과학, 자연현상과 우주, 우리나라, 세계의 여러 나라, 환경 보존, 직업 등과 같이, 주제별로 정보책을 분류하고 있으며, 김세희(2004)는 수, 글자, 색과 모양, 동식물, 교통기관, 성, 전통문화, 장소, 위인 이야기 등으로 나누고 있다. 주제별 분류방식은 교과목이 아니라 주제 중심으로 운영되는 유아교육과정과 연계하여 정보책을 활용하고자 할 때 도움이 된다.

정보책은 글과 그림이 드러내는 정보의 제시 방식에 따라서도 분류될 수 있다. 이것은 정보책 작가들의 다양한 글쓰기 방식을 조사하는 것이다. 이 분류 방식은 작가에게는 정보책 창작에 대한 참신한 아이디어를 제공하고 학생들에게는 다양한 쓰기 방식을 가르칠 수 있다는 장점이 있다.

이 분류 방식을 사용하는 학자들은 정보책을 개념책, 정보 그림책, 포토 에세이(photographic essays), 명명책(identification books), 생의 주기에 따라 엮은 책(life-cycle books), 실험 및 활동 책(experiment and activity books), 사료와 자료를 담은 책(documents and journals), 조사책(survey books), 전문적인 지식을 담은 책 (specialized books), 만드는 방법을 알려주는 책(craft and how-to books) 등으로 분류하고 있다. 한편 프리드맨과 레만(Freedman & Lehman, 2001)은 이 분류를 좀 더 세분화 하여 다음과 같이 16가지로 제시하였다: 개념책, 알파벳 책, 수세기책, 명명책, 실험 및 활동 책, 포토 에세이, 그림책, 조사책, 전문적인 지식을 담은 책, 자료와 사료를 담은 책, 연대기로 정리한 책, 만화 형식을 빌어온 책(comic strip), 만들기

책, 스크립(scripts), 문답식 책, 개념적인 조직(conceptual organization). 이와 비슷하게 현은자와 김세희(2005)도 『그림책의 이해 2』에서 정보책을 쓰기 방식에 따라 13가지로 분류한 바 있다.

본 서에서는 현은자와 김세희(2005)와 같이 책의 쓰기 방식에 따르되 전기를 포함하여 다음과 같이 정보책을 14가지 유형으로 분류하였다.

1) 개념책(concept book)

이 책은 사물의 특징이나 추상적인 개념을 소개하는 책이다. 주로 나이 어린 독자를 대상으로 하며 크기, 색깔, 형태, 공간적 관계, 시간, 정서적 느낌, 자신, 가족과 같은 개념을 다루고 있다.

이진아 외 그림의 〈세 살배기 아기 그림책〉(1999)의 『동글동글 모양놀이』는 동그라미의 개념을 알려준다. 필립 세들레츠스키 글, 그림의 『아기 세모의 세 번째 생일 Petit Triangle a trois ans』(1979)은 유아들이 익혀야 할 기본 도형과 색채를 알려주는 개념 그림책이다. 이 책은 세 개의 면이 모여서 이루어진 정삼각형이 등장하면서 시작된다. 정삼각형이 회전하면 원기둥이 되고 정삼각형의 쌍둥이 친구인 이등변 삼각형이 서로 몸을 기대면 정삼각형이 된다. 도형과 도형의 결합으로 이루어지는 또 다른 도형과, 다른 색깔의 도형이 만날 때 생기는 색깔의 변화를 자연스럽게 익힐 수 있다.

네버랜드의 『딸기는 빨개』는 색과 과일을 가르치며 『까맣고 하얀 게 무엇일까요』, 『우리 엄마 어디 있어요』 또한 색을 가르치는 개념책이다.

『개구쟁이 ㄱ ㄴ ㄷ』

2) 알파벳 책

이 책은 알파벳 순서에 따라 정보를 배열한 책이다. 국내에서는 '글자책' 혹은 'ㄱㄴㄷ 책'으로 불린다. 이 유형의 책은 영아가 볼 수 있는 것에서부터 글을 잘 읽을 수 있는 독자들이 즐길 수 있는 것까지 다양한 독자층을 대상으로 한다. 이 책은 알파벳 순서를 내용 조직의 틀로 사용하고 있으므로 다른 장르의 책보다 구성이나 형식에 있어서 더 많은 제한을 받는다고 볼 수 있다.

그러나 최근 출판되고 있는 외국의 알파벳 책은 오히려 그 내용과 형식에 있어서 작가의 창의성을 아낌없이 발휘할 수 있는 영역으로 발전해 가고 있다. 수수께끼 풀기와 흡사한 책이나 알파벳 책의 기본 규칙에 도전하는 책 등 기존의 관습을 따르지 않는 책도 등장하고 있다. 이러한 책은 이미 알파벳 책이 작동하는 규칙에 익숙하고 그것을 파괴하는 데에서 즐거움을 느낄 수 있는 성숙한 독자를 대상으로 한다.

국내에서 최초로 출판된 본격적인 글자책으로는 박은영 글, 그림의 『기차 ㄱㄴㄷ』(1997)을 들 수 있다. 이 책은 ㄱ부터 ㅎ까지 한글 자음 14자를 재미있게 표현한 창작 그림책으로, 이야기를 통해 한글 자음을 자연스럽게 익히도록 한 신선한 발상이 돋보이는 책이다. 같은 작가에 의해 출간된 『준영 ㄱㄴㄷ』(1997)은 한글 자음을 가지고 일상생활에서 어린이들이 자주 접하고 좋아하는 사물을 재미있게 그리고 있다. 최근에는 이수지의 『움직이는 ㄱㄴㄷ』(2006)이 동사를 중심으로 한글 자음을 엮고 있으며, 이억배의『개구장이 ㄱㄴㄷ』(2005)는 개구쟁이 소년과 동물 친구들의 놀이를 이야기 형태로 연결한 글자책이다.

알파벳 책과 수세기 책은 내용의 조직에 있어서 공통점을 갖는다. 알파벳 책이 A에서 Z까지의 알파벳 순서를 내용 조직의 틀로 하고 있다면, 수세기 책은 0이나 1부터 10까지, 혹은 그 이상의 수까지를 제시한다. 대부분 숫자(1, 2, 3...), 수의 이름(일, 이, 삼....), 수량(나무 한그루, 두 그루...)과 같은 세 요소가 함께 등장하지만 모든 책이 다 그런 것은 아니다.

안노 미쯔마사(Mitsumasa Anno, 1926~)가 그림을 그린 『함께 세어 보아요 Anno's Counting Book』(1986)는 숫자를 처음 접하는 어린이를 위한 책이다. 글자 없이 선을 이용해 그린 아름다운 그림으로 숫자의 의미를 쉽게 이해하도록 도와준다. 이 책은 1월에서 12월까지 매달 달이 바뀌면서 그림 속의 물건의 수도 하나씩 늘어나는 방식으로 구성되어 있다. 어린이들은 그림을 보며, 1월에 1개이던 것이 12월에는 12개로 늘어나는 규칙을 발견해내고 자연스럽게 숫자를 익히게 된다. 처음에는 매우 단순하게 느껴지나 보면 볼수록 새로운 것이 눈에 들어오게 되는, 상상력을 자극하는 매력적인 책이다.

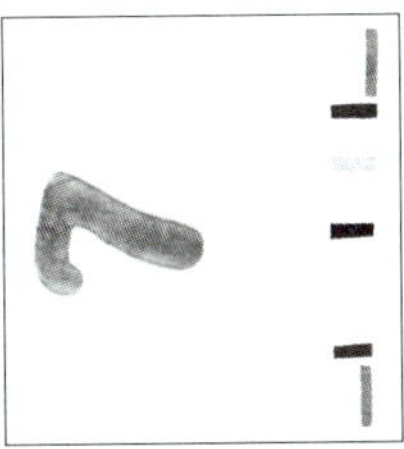

이진아가 그림을 그린 『세 살배기 아기 그림책』(1999)의 〈하나 둘 셋, 수놀이〉는 수 개념을 이해하도록 돕는다. 이 책에는 수와 형태에 관한 것뿐만 아니라, 재미있는 우리말 표현이 자주 반복되어 말놀이를 통한 유아의 말하기 능력을 촉진할 수 있다.

『한조각 두조각 세조각』

한울림 어린이 출판사의 〈하양이〉 시리즈 중 『꼭꼭 숨어라』(2004)는 영아용 수 세기 책이며 김혜환이 쓴 『한 조각 두 조각 세 조각』(1999)은 수 세기 책의 형식을 갖추고 있으나 천연 염색한 조각보의 아름다움을 보여주고 있다.

4) 명명하기 책(Identification book)

가장 단순한 형태는 어린 유아들이 보는 이름부르기 책(naming book)이다. 같은 명명하기 책이라도 더 나이든 아동을 대상으로 한 경우는 내용이 더 구체적이고, 정확하며, 복잡해지고 범위 또한 커진다.

비룡소에서 출간한 피브 워딩턴(Phoebe Worthington), 셀비 워딩턴(Sellby Worthington) 공저의 『제빵사 곰 Teddy Bear Baker』(1979), 정하섭 글, 한병호 그림의 『삐뽀삐뽀 불자동차』(1997) 도 영아가 즐기는 명명하기 책이다.

『제빵사 곰(Teddy bear Baker)』

5) 포토 에세이(photo essay)

정보책의 최근 출판 경향 가운데 하나는 포토 에세이가 눈에 띄게 증가하고 있다는 사실이다. 많은 정보책이 사진을 의미 있는 방식으로 배치하고 있지만 포토 에세이라 부를 수 있는 것은 한정되어 있다. 포토 에세이는 특유한 방식으로 카메라에 의존한다. 포토 에세이는 일반적인 정보를 특별한 것으로 만들어주며, 인간의 정서를 자극하면서도, 객관적인 사실을 전하는 기사와 같은 방식으로 독자에게 호소한다. 이 때 사진은 글 텍스트를 향상시키고 정보를 명확하게 전달하는 데 필수적인 요소로 작용한다.

포토 에세이의 좋은 예는 로빈 모튼과 알렉산드라 모튼(Robin & Alexandra Morton)이 함께 사진을 찍고 알렉산드라 모튼이 글을 쓴 『시위티 Siwiti-A Whale's story』(1991)이다. 작가는 이 책을 만들기 위해 캐나다의 태평양 연안에 사는 고래 가족을 따라다니며 새끼 고래가 태어난 때부터 습성과 생태를 가까운 거리에서 포착하였다. 작가의 끈기와 집념, 그리고 돌고래 가족에 대한 사랑이 느껴지는 책이다.

미치오 호시노(Michio Hoshino, 1952~1996)의 『그리즐리

곰 가족 책 The Grizzly Bear Family Book』(1994)은 알래스카 원시림에 사는 곰에 관한 책이다. 이 책에는 그리즐리 곰 가족의 일상생활과 그들의 환경에 대한 작가의 관점이 잘 드러나 있다. 작가는 그 책의 첫머리에서 이렇게 쓰고 있다. "여러분이 얼마나 많은 책을 읽었던지, 그리고 또 얼마나 많이 TV를 시청했던 간에 자연을 직접 경험해보는 것을 대신할 수 있는 것은 없다. 만일 여러분이 야생상태의 곰을 만날 수 없다면 그것을 상상해야만 한다." 결국 그는 그토록 사랑했던 그리즐리 곰의 공격을 받아 죽었지만 그의 사진과 글에는 곰 가족을 바라보는 따뜻하고 친근한 시선이 잘 드러나 있다.

『그리즐리 곰 가족 책 (The Grizzly Bear Family Book)』

　사진작가들은 많은 경우 자신이 직접 경험한 것을 어린이와 나누고자 포토에세이를 창작한다. 조지 안코나(George Ancona, 1929~)는 어린이를 위한 정보책을 쓰는 미국의 유명한 사진작가 가운데 한 사람이다. 그는 『카니발 Carnaval』(1999)이라는 작품을 비롯하여 70권이 넘는 어린이 책을 집필하였다. 그의 책은 다문화적이며 전세계적인 주제에 초점에 맞춘 것으로도 유명하다. 또 잰 레이놀드(Jan Reynolds)는 자신이 몽골을 여행하면서, 몽골인들과 함께 생활한 것을 사진으로 찍었고, 그것을 토대로 하여 『몽골리아 Mongolia』(1994)에서 몽골인들의 일상생활을 보여주었다.

『몽골리아 (Mongolia)』

　오츠카 아츠카의(1960~) 『세상에서 가장 아름다운 이별 Goodbye grandma Erma』(2006)은 다발성 골수증이라는 암 통보를 받은 엘마 할머니가 자택에서 조용히 죽음을 맞기까지 마지막 1년의 이야기다. 생의 마지막을 준비하는 할머니의 아름다운 모습을 그린 이 포토 에세이는 생명의 소중함을 가르치고 있다.

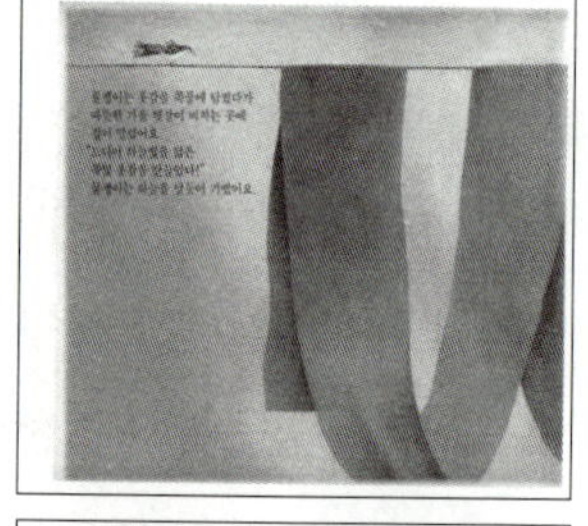

『쪽빛을 찾아서』

6) 정보 그림책

정보 그림책은 정보책에서 그림이 정보 전달에서 중요한 역할을 하는 책이다. 그림은 글의 내용을 보충해주는 것에 그치지 않고 글과 상호작용하면서 또 다른 의미를 창출하기도 한다. 유애로가 글을 쓰고 그림을 그린 『쪽빛을 찾아서』(1997)는 한국의 전통 색채에 관한 그림책이다. 물쟁이 아저씨가 푸른 하늘과 바다 빛깔을 닮은 쪽빛을 얻기 위해 애쓰는 과정을 그리고 있다. 도널드 크루(Donald Crews, 1938~)의 『트럭 Truck』(1980)은 글 없는 그림책이다. 화물 적재소에서 세 발 자전거를 실은 커다란 트럭이 교통신호와 표지판에 따라 터널과 오르막길, 내리막길에 이어 휴게소, 주유소, 시골길을 지나 안개가 자욱한 도시로 들어오는 여정을 보여주고 있다. 트럭은 처음 떠날 때와 똑같은 모습과 크기로 화면에 자리한다.

유명한 정보책 작가인 알리키(Aliki Brandenberg, 1929~)가 글을 쓰고 그림을 그린 『중세의 향연 A Medieval Feast』(1983)도 정보 그림책의 좋은 예가 될 수 있다. 이 책은 중세시대에 왕이 자신의 영지를 여행할 때 그 곳의 영주들이 왕을 대접하기 위해 어떻게 향연을 준비하고 베풀었는지를 상세한 그림과 함께 보여주고 있다. 이 책에서 그림은 글의 내용을 확장하고 부연한다.

정보 그림책은 실화를 바탕으로 한 것이 많다. 그럼에도 글과 그림은 경쾌하고 유머러스한 분위기를 자아낸다. 모디케이 거스타인(Mordicai Gerstein)이 글을 쓰고 그림을 그린 『쌍둥이 빌딩 사이를 걸어간 남자 The Man Who Walked Between the Towers』(2003)는 9·11테러로 사라진 뉴욕의 세계 무역센터 빌딩에 얽힌 일화를 들려준다. 유명한 줄타기 선수인 필립은 어느 날 무역센터 빌딩을 바라보다가 그

사이에 줄을 걸어놓고 빌딩 사이를 걷기로 결심한다. 뉴욕
시의 허락을 받기는 애초부터 불가능한 것이었으므로, 그는
두 친구와 함께 건축 노동자로 변장하고 한 밤 중에 그 빌딩
옥상으로 올라간다. 두 빌딩 지붕 위에 줄을 연결하는 작업
은 한 밤 중에 시작되어 동이 틀 때야 겨우 끝나고, 그는 평
행봉을 들고 줄 위로 올라간다. 결국 그 높은 곳에서 줄을 타
는 그의 모습이 출근길의 뉴욕시민들의 눈에 띄게 되고 그
로 인해 대소동이 일어나게 된다. 그러나 필립은 이러한 소
동도 개의치 않고 줄 위에서 온갖 자세를 취하며 자유로움
을 만끽한다. 작가는 마지막 장에서 이것이 1974년 8월 7일
아침에 실제로 일어났던 일임을 밝히고 지금은 사라진 쌍둥
이 빌딩이 아직 우리 기억 속에 있는 것처럼 그가 한 일도 영
원히 기억될 것이라고 말한다. 이 그림책에서의 두드러진
특징은 시시때때로 바뀌는 조망이다. 독자는 주인공과 함께
줄 위에서 뉴욕시를 내려다보기도 하며, 그보다 훨씬 위에
서 날고 있는 새들의 위치에서 그를 보기도 하고, 혹은 거리
의 뉴욕시민과 함께 그를 올려다보기도 한다. 독자는 이처
럼, 때로는 가깝게, 혹은 먼 거리에서 줄 타는 사람을 보면서
놀라움과 스릴, 그리고 아찔한 느낌을 맛보게 된다. 지금은
사라진 세계 무역 센터에 대한 향수를 담은 이 책은 2004년
칼데콧 메달을 수상함으로써 더 유명해졌다.

　　우렌(A. U'Ren) 의 『메리 스미스 Mary Smith』(2003)는 자
명종이 없던 시대에 아침잠을 깨우는 것을 직업으로 삼았던
여성의 실화를 담은 논픽션이다. 주인공인 메리 스미스는
아침에 일찍 깨워달라고 주문한 고객들 집을 돌면서 잠을
깨운다. 당시 그가 사용했던 방식은 피리처럼 생긴 도구로
의뢰자의 침실 유리창에 돌멩이를 불어 잠을 깨우는 것이었
다. 이 책의 첫 장에는 주인공이 피리를 불고 있는 1927년도

『메리 스미스 (Mary Smith)』

사진이 실려 있다.

7) 실험 및 만들기 책

과학 실험의 과정이나 뭔가를 만들 수 있는 방법을 소개하는 책들이 이 범주에 속한다. 우리에게 가장 익숙한 책으로는 '전기의 생성'과 같은 주제를 다룬 과학 정보책을 들 수 있다. 만드는 법을 제시하고 있는 책으로는 요리와 종이 접기, 식물 키우는 법과 정원 가꾸는 법등을 소개한 책이 있다. 김춘효가 글을 쓰고 김혜민이 그림을 그린 『종이 접기』(2003)는 종이 접기를 제안하는 엄마와, 자신만의 상상력을 마음껏 펼치며 색종이를 도화지 위에 붙이는 아이의 이야기를 담고 있으며, 종이배와 종이학 등 종이 접기 방법을 소개한 책이다.

『천하무적 고무 동력기』

그 외에 김동수, 박혜준 공저의 『천하무적 고무 동력기』(2005), 김지희 글, 김영곤 그림의 『신기한 멀뚱이의 식물일기』(2002)도 실험 및 만들기 책이라고 볼 수 있다.

8) 조사책(Survey Books)

이 범주에 들어가는 정보책은 주제를 깊이 있게 다루기보다 폭넓게 다룬다. 외국에서는 대형 출판사가 출판하는 시리즈 책 중에 조사책에 속하는 것들이 많다. 영국의 정보책 시리즈 출판사인 오스본 출판사(Usborne Books)에서 출판되는 책들이 그 대표격이라고 할 수 있다. 출판된 책들로는 〈오스본의 과학 Usborne Understanding Science〉시리즈(1992), 〈오스본의 지리 Usborne Understanding Geography〉시리즈(1994) 등이 있다. 그 외에도 영국의 피터 킨더슬리와(Peter Kindersly)와 크리스토퍼 돌링(Christopher Dorling)의 DK 출판사와 프랑스의 갈리마르(Gallimard) 출판사에서 출간하는 정보책이 조사책의 좋은 예가 될 수 있다. DK 출판사는 1974년 성인을 위한 정보책 출판사로 출발하였으며 현재는 유아부터 성인까지의 다양한 독자층을 대상으로 하고 있다. DK 출판사의 아동도서 역사는 1987년부터 출간된 〈세계로 난 창 Windows on the World〉 시리즈에서 비롯되었다고 할 수 있다. 그 이듬해, 데이빗 맥컬리(David Macaulay)가 글을 쓰고 그림을 그린『사물이 작동하는 방법 The New Way Things Work』(1988)은 이제까지 240만권이 팔렸고 19개 언어로 번역되었다. 그렇지만 본격적인 정보책의 시작은 1988년 〈눈의 증인 가이드 Eyewitness Guides〉 시리즈라고 할 수 있다. 이 시리즈는 지금은 고인이 된 갈리마르의 청소년부 총 아트 디렉터인 피에르 마르샹(Pierre Marchant)과 DK의 피터 킨더슬리가 만나게 되면서 합작으로 만들어지게 되었다. 그리고 현재까지 그 시리즈의 이름으로 출판된 책은 100종(title) 이상이며 44개 국어로 번역되어 4000만부 이상 팔렸다고 한다.

『사물이 작동하는 방법
(The New Way Things Work)』

불어로 쓰여진 갈리마르의 책들은 영어로 번역되어 미국 출판사 스콜래스틱(Scholastic)에 의해 보급되고 있다. 갈리마르 출판사의 〈첫 발견 책 First Discovery Book〉 시리즈는 작은 크기의 책으로 3세에서 7세까지의 어린이를 대상으로 하고 있다.

여러 가지 조사책을 낸 작가가 있다. 미국의 유명한 정보책 작가인 세이무어 사이몬(Seymour Simon, 1931~)이 바로 그렇다.『늑대 Wolves』(1992),『사막 Deserts』(1990) 등이 그의 대표적인 조사책이다. 그는 주로 사진 자료를 이용하여 한 가지 주제를 다룬다. 또 갈리마르 출판사의 〈지식의 뿌리〉 시리즈를 예로 들 수 있다. 그러나 이 시리즈는 한 가지 주제를 과학, 예술, 문학, 역사 등의 다양한 관점에서 출

『미산계곡에 가면 만날 수 있어요』

발하여 폭넓게 다루고 있다는 점에서 특히 눈길을 끈다.

국내 작품으로는 보림 출판사의 전통과학 시리즈와 같은 책을 예로 들 수 있다. 『미산 계곡에 가면 만날 수 있어요』(2001)는 한병호가 글을 쓰고 그림을 그린 정보책이다. 작가는 10년 이상 미산 계곡에 다녔던 경험을 바탕으로 민물고기와 개구리, 가재, 도룡뇽, 나비, 꽃과 열매 등 미산 계곡에서 만날 수 있는 여러 생물을 섬세한 그림을 통해 소개하고 있다.

그 외에도 김해원 글, 박지훈 그림의 『우리 누나 시집가던 날』(2006)을 들 수 있다. 이 작품에서는 꼬마 도령을 따라 시집가는 누나의 모습을 이야기로 엮어 지금은 볼 수 없는 전통혼례의 모습을 보여주고 있다.

9) 전문화된 책(Specialized books)

전문화된 책이란 제한된 주제에 대해 자세한 정보를 제공한다는 특징을 가지고 있다. 국내에서도 일부 번역된 데이빗 맥컬리(David Macaulay, 1946~)의 건축에 관한 책들이 좋은 예다. 그가 글을 쓰고 그림을 그린 『성당 Cathedral』(1981)은 중세 성당의 건축과정을 상세하게 보여주고 있다. 중세 사회에서 성당을 짓기로 결정하기까지의 과정을 당시의 정치, 문화, 경제적 맥락 안에서 설명하고 있으며, 건축 자재의 이동은 물론 건축 도면, 건축 과정을 역사적인 고증과 전문적인 지식을 기초로 하여 상세하게 보여주고 있다.

강영환이 글을 쓰고 홍성찬이 그린 『집짓기』(1996)는 고증을 거친 자료를 토대로 하여 전통 가옥을 짓는 과정을 보여주는, 본격적인 우리의 정보책이라고 할 수 있다.

『집짓기』

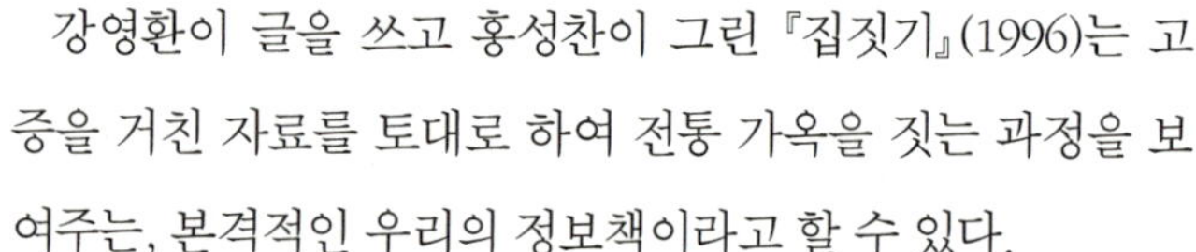

자료를 시간 순서대로 제시하는 형식을 띤 책이다. 앤터니 메이슨(Antony Mason)이 글을 쓴『마티스 : 세계의 미술가 기행 6 Matisse : Famous Artist』(1993)은 마티스의 일생을 그의 작품과 함께 연대순으로 설명하고 있는 책이다. 작품 크기를 사람의 크기와 비교해서 볼 수 있도록 제시했으며 화가의 작업과정에 대한 설명도 덧붙였다. 또한 화가가 사용한 기법을 설명하고 그것을 직접 연습해 볼 수 있도록 하였다.

『고래 (Whales)』

캐롤 캐릭(Carole Carrick)의 글에 데이빗 프램튼(David Frampton)의 목판화가 돋보이는『고래 Whales』는 미대륙에서의 고래잡이 역사를 그리고 있다. 1620년 청교도들이 미대륙의 동북부에 이주했을 때 케이프 코드만은 고래로 가득 차 있었으나 청교도들은 고래를 잡을 수 있는 방법을 알지 못했다. 그러나 그들은 점차 인디언들의 고래잡이 방식을 배워 고래를 잡게 되었으며, 그 이후 고래 기름을 연료로 쓰기 시작하면서 고래는 남획의 대상이 되었고 급기야 고래잡이 금지법이 제정되기에 이르렀다. 글은 이러한 고래잡이 역사를 연대순으로 소개하고 있으며, 목판화로 그려진 그림은 주제의 무거운 분위기와 역사성을 효과적으로 표현하고 있다.

안노 미쯔마사 글, 그림의『천동설 이야기 : 하늘이 움직인다고 믿었던 때의 이야기』(2002)는 천동설을 믿었던 시대의 종교와 과학사이의 갈등을 그리고 있다. 버지니아 리 버튼(Virginia Lee Burton, 1909~1968)의『생명의 역사 Life History』(1962)는 진화론을 기초로 하여 쓰여진 작품으로서 지구상에 나타난 생물의 출현을 연대기 순에 따라 연극 무대에 등장하는 인물과 같이 의인화하여 보여주고 있다.

코믹 스트립이란 만화 형식을 띤 정보책이다. 국내에 소개
된 작품으로는 〈신기한 스쿨버스〉시리즈가 대표적인 예다.
이 작품에 나오는 말풍선과 여러 가지 도표, 그리고 만화와
같은 그림은 어린이들의 흥미를 끌기에 충분하다. 그러나
작가는 또 책 뒤페이지에서 사실이 아닌 허구적 요소를 사
용하여 이야기를 설정했음을 밝힘으로써, 정보책에서 정확
한 정보가 가지는 중요성을 다시 한 번 일깨우고 있다. 에일
린 크리스트로우(Eileen Christelow,1943~)의 『작가는 어떤
일을 하는가 What do authors Do?』(1995)와 『그림작가는
어떤 일을 하는가 What do illustrators Do?』(1996)는 책에
대한 책이라고 할 수 있다. 작가가 맨 처음 책의 아이디어를
얻는 과정에서부터 시작하여 완성된 책이 나오기까지의 과
정을 만화 형식으로 보여준다. 마르시아 윌리엄스(Marcia
Williams)의 『윌리엄 셰익스피어의 연극 Mr. William
Shakespeare's Play』(1998)은 셰익스피어의 각 작품을 두세
장에 걸친 만화 형식으로 간략하게 보여준다.

『윌리엄 셰익스피어의 연극
(Mr. William Shakespeare's Play)』

12) 문답식 책

질문을 하고 답을 제시하는 방식으로 구성된 책이다. 질문
에 대한 답은 대개 질문 바로 옆 페이지나 다음 페이지에 제
시된다. 야부우치 마사요키가 글을 쓰고 그림을 그린 『어떻
게 잠을 잘까요?』(1991)가 그러한 책이다. '다람쥐는 어떻게
잠을 잘까?' '박쥐는...?' '홍학은....?' 등의 질문이 있고, 그
동물이 잠자는 모습과 그에 대한 간단한 설명이 제시된 단
순한 구성의 그림책이다. 그러나 동물들의 생김새와 생태가
재미있게 소개되어 있다. 질문의 형식을 빌어 정보를 제시
하는 것은 독자에게 긴장과 호기심을 유발하며 답에 대한

기대를 높이므로 학습에 효과적이라고 할 수 있다.

아이들이 특별히 좋아하는 공룡에 대한 여러 가지 질문과 답을 제시하고 있는 세이무어 사이몬의 『공룡에 관한 새로운 질문과 답 New Questions and Answers about Dinosaurs』(1990)도 이러한 유형의 정보책이다.

필립 에나인의 『생각하는 미술 이야기』(1991)는 명화를 보여주고 그림에 나타난 사물에 대한 질문을 하면서 그림을 자세히 보도록 유도하는 책이다. 질문에 대한 답은 직접 제공되지 않으며 독자가 상상력을 발휘하여 창의적으로 답할 수 있게 되어 있다.

2004년 칼데콧 명예상을 수상한 로빈 페이지(Robin Page) 글, 스티브 젠킨스(Steve Jenkins)그림의 『당신은 이런 꼬리로 무엇을 하나요? What do you do with a tail like this?』는 각 동물의 코, 귀, 꼬리, 눈, 입, 다리의 쓰임새를 묻고 대답하는 식으로 구성된 책으로, 대담한 구도와 꼴라주의 그림이 다양한 동물의 특징을 잘 드러내준다.

다섯 수레 출판사에서 출간한 전호태 글, 김상보 그림의 『고구려 사람들은 왜 벽화를 그렸나요?』(1998)는 고구려의 고분 벽화를 통해 고구려 사람들의 기상과 생활 모습을 보여주고 있다.

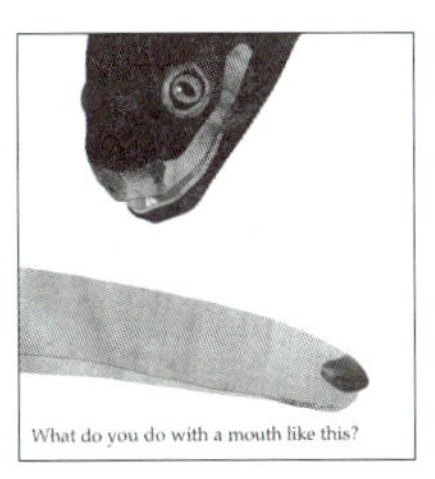
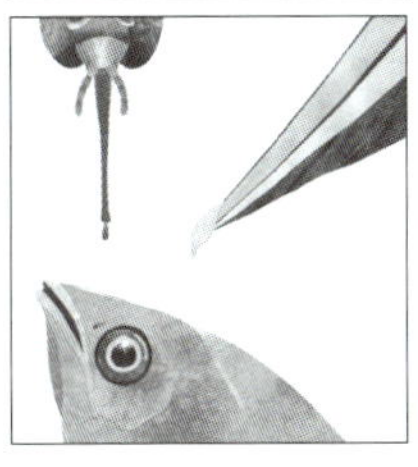
『당신은 이런 꼬리로 무엇을 하나요?
(What do you do with a tail like this?)』

13) 기록과 저널(document and journal)

이것은 다수의 원본 자료를 제시하는 정보책이다. 자료에는 역사 자료, 인터뷰, 사진, 편지 등이 포함된다. 이러한 형식은 로다 블럼버그(Rhoda Blumberg)(1985)의 『쇼건의 땅에서 코모도르 페리 Commodore Perry in the land of the Shogun』(1985)나 나치가 유태인을 학살하던 때의 어린이들의 이야기를 쓴 하워드 그린펠드(Howard Greenfeld)의 『숨

『숨겨진 아이들
(The Hidden Children)』

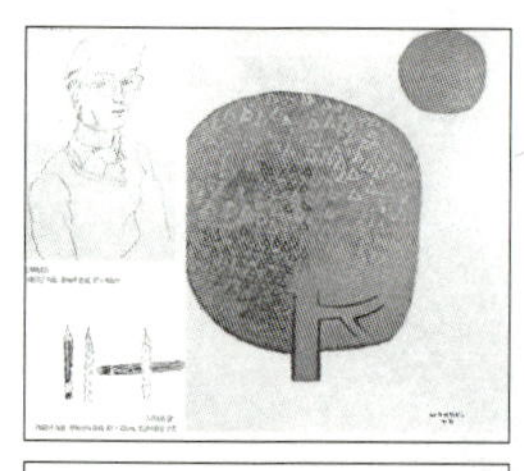

『꿈을 그린 추상화가 김환기』

겨진 아이들 The Hidden Children』(1993)과 같이 역사적 사실에 대한 정보를 전달하는 책에서 자주 사용된다. 추상화가 김환기의 일대기와 작품을 소개한 임창섭의『꿈을 그린 추상화가 김환기』(2001)는 화가의 작품, 엽서, 사진, 스케치, 편지, 편지에 그린 그림 등의 기록물을 제시하면서 그의 인생과 작품 세계를 소개한다.

14) 전기 (biography)

국내에서 한국인을 소개한 전기 그림책은 많지 않은 반면 번역 책으로는 다양한 분야의 인물들의 전기가 속속 출간되고 있다. 알리키의『셰익스피어와 글로브 극장』(2003), 피터 시스의『갈릴레오 갈릴레이』(1999)를 예로 들 수 있다. 오카야 고지 글, 야마네 히네노부 그림의『꿈의 궁전을 만든 우체부 슈발』(2004)은 프랑스의 오트리브라는 마을에 '꿈의 궁전' 이라는 건물을 지어낸 집념의 우체부, 슈발의 전기를 담고 있다. 바바라 컬리 글, 브라이언 셀즈닉 그림의『공룡을 사랑한 할아버지 : 세계 최초로 공룡을 만든 워터하우스 호킨스 이야기』는 19세기 한 예술가의 극적인 삶을 마치 한편의 연극처럼 구성한 작품이다. 국제 공룡 탐사 대원으로서 국내외 공룡 발굴 및 연구에 힘을 써 온 이융남 박사의 감수를 거친 것으로도 알려져 있다.

『셰익스피어와 글로브 극장』

지금까지 정보책을 쓰기 방식에 따라 14가지로 분류해보았다. 그러나 이것은 결코 배타적인 분류가 아니다. 왜냐하면 한 권의 정보책이 어느 한 가지 방식만을 취하는 것이 아니라, 동시에 두 가지 이상의 쓰기 방식을 취할 수 있기 때문이다. 예를 들어, 그림의 역할이 강조되는 정보 그림책이면서도 내용은 전기일 수 있으며 연대기적으로 서술된 것도

있을 수 있다. 이러한 분류방식이 독자나 작가에게 줄 수 있
는 잇점은 정보책이 픽션과 마찬가지로 다양한 방식의 쓰기
가 가능한 장르라는 것을 보여주는 것이라고 할 수 있다.

5. 정보책 평가 기준

　정보책을 학습의 도구로써 효과적으로 활용하기 위해서
는 우선 수많은 정보책을 평가하고 어린이 독자에게 맞는
것을 선택할 수 있는 전문적 지식과 안목이 있어야 한다. 어
린이 논픽션에 수여하는, 세계적으로 권위있는 상인 세계도
회상에서 제시한 선정준거와 여러 학자들의 정보책 선정 근
거를 종합해 볼 때 정보책에서 가장 중요한 요소는 작가의
권위, 정보의 정확성, 적절성, 문학성, 매력성이라고 할 수
있다(Zarnowsky, Kerper & Jensen, 2001).

　첫째, 가장 중요한 것으로 여겨지는 작가의 권위는 작가
가 자신의 책에 담은 정보의 출처와 선택, 중요성의 평가에
있어서 전문가적인 능력과 지식을 가지고 있어야 한다는 것
을 의미한다. 그래서 정보책 작가들은 자신이 그 분야의 전
문가이던가, 전문가적인 소양을 갖추고 있어야 한다. 또 혹
은 전문가의 도움을 받아서 글을 쓰고 그림을 그리게 되었
다는 사실을 밝혀야 한다.

　둘째, 정확한 최신의 정보를 제시하는 것은 기술적 진보
가 급속도로 이루어지는 현대의 지식 정보 사회에서 특히

중요하다. 따라서 정보책에서의 용어는 정확하게 제시되어야 한다. 즉 아이들이 이해하기에 너무 어렵지만 않다면 단순화된 전문용어로 대치되어서는 안된다. 왜냐하면 어설픈 대체 용어는 잘못된 개념을 전달하거나 부정확한 이해를 초래할 수 있기 때문이다. 정확성은 정확한 사실을 제공하는 것뿐만 아니라 사실과 의견을 명확하게 구별한다는 것을 의미한다. 과학자들이 미처 사실로 증명하지 못한 것이 있는가 하면, 지금 사실로 인정된 것이라 하더라도 언젠가는 새로운 발견에 의해 대치되는 경우도 흔하기 때문이다.

아이들은 자신이 읽은 것을 사실로 받아들이는 경향이 있으므로 사실, 이론, 의견을 명확히 구별해야 한다. 훌륭한 작가는 알려진 것과 추측된 것을 명확히 구별할 줄 알아야 한다. '과학자들은 믿는다', '아마도', '증거를 보여준다'와 같은 구문으로 정보의 정확성 정도를 제공해야 한다. 빙하시대의 존재, 공룡의 멸종, 블랙홀과 같은 것은 명확한 사실이라기보다 실제 하나의 이론이라는 것을 알 수 있도록 해야 한다.

정보책에서는 되도록 의인화와 목적론을 피해야 한다. 이것은 이야기(설명) 된 내용(what is said) 뿐만 아니라 이야기하는(설명) 방식(how what it is said)에도 과학적 태도가 반영되어야 한다는 것을 의미한다(Dowd, 2001). 의인화란 사물이나 동물, 식물에게 인간의 속성을 부여하는 것으로서 인간이 아닌 존재가 말하고, 생각하고, 옷을 입고 인간과 같이 행동하는 것을 말한다. 목적론이란 어떤 현상을 과학적인 근거가 아닌 그 배후의 목적으로 설명하려는 것을 뜻한다.

셋째, 적절성을 들 수 있다. 적절성이란 어린이 독자의 경험과 지식, 이해 수준에 맞아야 한다는 것을 뜻한다. 같은 연령의 어린이라 하더라도 그들의 독서 능력과 경험과 이해의 수준은 다를 수 있다. 특히 전문적인 지식을 다루는 정보책 읽기에 있어서는 그들의 선행 지식이 정확하게 평가되어야 한다.

넷째, 문학성을 들 수 있다. 이것은 정보책이 '사실을 담은 그릇 basket of facts' 이상이라는 것을 전제하는 것이다. 익숙한 소재와 주제라도 신선한 관점으로 접근해 보여주는 문학성은 좋은 정보책의 필수 요건이 되고 있다. 문학성이란 정보를 생생하게 만들어주는 문학적 장치를 말한다. 프리드만(1992)는 다음과 같이 주장한다.

'논픽션의 기본적인 목표는 정보를 전달하고 교육하고 계몽하는 것이다. 하지만 그것으로 충분치 않다. 효과적인 논픽션 책은 주제에 생기를 주고 그것을 우리 삶에 불어넣어야 한다. 그리고 독자가 기꺼이 들어가지만 떠나기를 아쉬워할 만큼, 생생하고 믿을 수 있는 세계를 창조해야 한다. 훌륭한 논픽션 책은 읽는 즐거움을 제공해야 할 것이다. 그것은 좋은 이야기만큼 마음을 끄는 것이어야 한다.'

작가는 믿을 만하고 생생한 세계를 창조하기 위해 단조로운 목소리 대신 생기 넘치는 목소리를 가져야 한다. 또 주제에 적합한 문학적 스타일을 선택하고 은유와 직유를 적절하게 사용하며 이야기, 일화, 예시와 같은 장치(hooks)를 사용할 수 있다. 이러한 문학적 장치는 어린 독자들이 보다 쉽게 정보책의 세계로 빠져 들 수 있게 해준다.

좋은 정보책이 갖추어야 할 중요한 조건은 정보의 정확성과 더불어 뛰어난 문학성, 그리고 사실에서 의미를 찾는 작가의 신선하며 진지한 관점이라고 할 수 있다. 윈터스와 슈미트(2004)가 논픽션을 '진리를 추구하는 사실의 묶음' 이라고 부르는 이유도 거기에 있다. 어린이를 위한 정보책의 궁극적인 목적은 수집된 사실에서 인간 존재와 세상의 본질에 대한 진리를 발견하도록 돕는 것이다. 그리고 그것이 어린이의 삶에 영향을 미치도록 하는 것이다.

마지막으로 매력성이란 겉표지를 비롯해서 각 장에서 글자 크기, 글의 배치, 정보의 위치, 레이아웃 등이 아이들의 호기심은 물론 심미안을 자극할 수 있는 것이어야 한다는 것이다. 오늘날 TV와 컴퓨터 스크린의 시각적 이미지에 익숙해진 어린이들은 극적인 시각 효과를 가진 자료를 기대한다. 논픽션의 그림 작가는 수채화, 펜, 잉크, 아크릴 물감을 포함한 다양한 종류의 매체를 사용한다. 사진의 사용은 독자들에게 '그 곳에 있다' 는 느낌을 준다. 이러한 맥락에서 영국의 DK 출판사의 정보책은 독특한 레이아웃을 개척한 예로 여겨진다. DK 책들은 페이지마다 잘 구성된 본문과 넓은 여백, 그리고 재미있고 다채로운 일러스트레이션을 통해 독자들을 유혹하고 있다.

이상의 평가 기준은 서구의 많은 아동문학자들의 저서와 논픽션 수상작의 선정 기준과 많은 부분에서 겹친다. 그런데 사실 이 항목의 대부분은 정보책에만 적용되는 것이 아니다. 어떤 장르의 작품이던 독자에게 감동을 주고 그들의 마음을 움직일 수 있도록 쓰여져야 한다는 것은 매우 중요하다. 좋은 정보책도 좋은 픽션과 마찬가지로 인간 존재와 세상의 본질에 대한 진리를 말하며, 그로 인해 어린이의 삶에 영향을 미칠 수 있는 것이다.

김중철(2000), 독서문화운동의 흐름과 전망 — 어린이도서 연구회 20년 활동을 되돌아보며, 어린이도
　　서연구회 창립 20주년 기념 세미나: 21C 어린이 도서문화의 전망.

김현희, 박상희(1999), 유아문학교육, 학지사.

서정숙(2000), 그림책의 교육적 활용: 현황분석 및 제언. 한국유아교육학회 2000년도 정기 총회 및 학술
　　대회, 교육개혁과 유아교육, pp.149-158.

심향분, 현은자(2005), 서평전문지에 나타난 그림책 서평 분석연구, 아동학회지 26(1), pp.203-
　　216.

조은정, 현은자(2003), 유아를 위한 정보책의 인식과 활용 실태, 생활과학 연구, 성균관대학교 생
　　활과학 연구소 6호, pp.61-85.

현은자, 김세희(2005), 그림책의 이해 2, 사계절.

Cullinan, B. E. & Galda, E.(2002), Literature and the Child(5th ed), Fortworth, TX: Harcourt
　　Brace College.

Dowd, F. S.(1992), Trends and evaluate criteria of informational books for children, In E. B.
　　Freeman & Pearson, D. G. Using Nonfiction Trade Books in the Elementary Classroom
　　From Ants to Zeppelins, pp.34-45, Urbana, IL: NCTE.

Freeman, E. & Lehman, B.(2001), Global Perspective in Children's Literature, Needham Heights,
　　MA: Allyn and Bacon.

Freeman, E. B. & Person, D. G.(1998), Connecting Informational Children's Books with
　　Content Area Learning, Boston, MA: Allyn and Bacon.

Giblin, J. C.(1996), Trends in Children's books today, In S. Egoff, G. Stubbs, R. Ashley & W.
　　Sutton(eds), Only Connect: Readings on Children's Literature(3rd ed), pp.337-342,
　　Ontario: Oxford University Press.

Giblin, J. C.(2004), The Story of in Children's Literature Remembered; In Pavoneti, L. M(ed), Is
　　sues, Trends, and Favorite Books, westport Co: Libraries Unlimited.

Heeks, P.(1996), Information books, In P. Hunt(ed), International Companion Encyclopedia of
　　Children's Literature, pp.432-442, London and New York: Routledge.

Hillman, J.(1995), Discovering children's literature, Englewood Cliffs, NJ: Prentice-Hall.

Huck, C. H., Helper, S., Hickman, J. & Kiefer, B. Z.(1997)(6th ed.), Children's Literature in the
　　Elementary School, Madison, WI: Brown & Benchmark.

Kerper, R. M.(2001), Nonfiction Book Design in a Digital Age, in The Best in Children's
　　Nonfiction: Reading, Writing, and Teaching Orbis Pictus Award Books by Zarnowky, M.
　　Kerper, R. M. & Jensen, J. M.(eds), Urbana, IL: NCTE.

Lempke, S. D.(1999), What makes a good nonfiction series?, Booklist, 96(14), p.431.

Lodge, S.(1996), Giving kids' reference a fresh look, Publishers Weekley, 243: 18, pp.42-43.

Lukens, R. J.(2003), A Critical Handbook of Children's Literature(7th ed.), New York: Allyn and

Bacon.

Moss, B.(2003), Exploring the Literature of Fact: Children's Nonfiction Trade Books in the Elementary Classroom, New York, NY: The Guilford Press.

Nodelman, P(1996), The Pleasures of Children's Literature, MA: Longman.

Russell, D. L.(1991), Literature for children: A short introduction, New York & London: Longman.

Winters, C. J. & Schmidt, G.(2001), Edging the boundaries of children's literature, Grand Rapids, MI: Allyn and Bacon.

Zarnowky, M. Kerper, R. M. & Jensen, J. M.(2001)(eds), The Best in Children's Nonfiction: Reading, Writing, and Teaching Orbis Pictus Award Books, Urbana, IL: NCTE.

● 그림책 ●

강영환 글, 홍성찬 그림(1996), 집짓기, 보림.

김지희 글, 김영곤 그림(2002), 신기한 멀뚱이의 식물일기, 진선출판사.

김춘효 글, 김혜민 그림(2003), 종이 접기, 마루벌.

김해원 글, 박지훈 그림(2006), 우리 누나 시집 가던 날, 중앙출판사.

김혜환 글, 그림(1999), 한 조각 두 조각 세 조각, 지경사.

김향금 글, 최숙희 그림(2003), 세상을 담은 그림 지도, 보림.

김동수 글, 박혜준 그림(2005), 천하무적 고무동력기, 보림.

비버라 컬리 글, 브라이언 셀즈닉 그림(2001), 이윤남 역(2004), 공룡을 사랑한 할아버지, 문학동네어린이.

박은영 글·그림(1997), 기차 ㄱㄴㄷ, 비룡소.

박은영 글·그림(1997), 준영 ㄱㄴㄷ, 비룡소.

박혜준 글·김동수 그림(2005), 천하무적 고무동력기, 보림.

배영희 글·정유정 그림(1995), 고사리손 요리책, 길벗어린이.

안노 미쓰마사 글·그림(2002), 예상열 역(2002), 천동설 이야기: 하늘이 움직인다고 믿었던 때의 이야기, 한림출판사.

야부우치 마사요키 글·그림(1983), 어떻게 잠을 잘까요?, 한림출판사(2001).

유애로 글·그림(1996), 쪽빛을 찾아서, 보림.

유애로 글·그림(1995), 갯벌이 좋아요, 보림.

이억배 글·그림(2005), 개구쟁이 ㄱ ㄴ ㄷ, 사계절출판사.

이수지 글·그림(2006), 움직이는 ㄱ ㄴ ㄷ, 돌베개어린이.

이진아 외(1999), 세 살배기 아기 그림책, 돌베개어린이.

이태수(1996), 세밀화로 그린 보리 아기그림책, 보리.

오츠카 아츠카 글, 그림(2006), 송영빈 역(2006), 세상에서 가장 아름다운 이별, 글로세움.

오카야 고지 글, 야마네 히네노부 그림(2004), 꿈의 궁전을 만든 우체부 슈발, 진선출판사.

임창섭 글(2001), 꿈을 그린 추상화가 김환기, 나무숲.

앤터니 메이슨(1993), 마티스 : 세계의 미술가 기행 6, 햇살과 나무꾼.

전호태 글, 김상보 그림(1998), 고구려 사람들은 왜 벽화를 그렸나요?, 다섯수레.

정병락 글, 박완숙 그림(1995), 숨쉬는 항아리, 보림.

정하섭 글, 한병호 그림(1997), 삐뽀삐뽀 불자동차, 비룡소.

청동말굽 글, 박동국 그림(2003), 경북궁에서의 왕의 하루, 문학동네어린이.

피브 워딩턴 글, 셀비 워딩턴 그림(1979), 김세희 역(2002), 제빵사 곰, 비룡소.

피터시스 글, 그림(1996), 백상현 역(1999), 갈릴레오 갈릴레이, 시공주니어.

필립 세들레츠스키 글, 그림(1979), 아기 세모의 세 번째 생일, 물구나무.

필립 예나인 글, 그림(1991), 김혜숙 역 (1997), 생각하는 미술 이야기, 마루벌.

하문식 글, 이춘길 그림(1995), 고인돌, 보림.

한병호 글, 그림(2001), 미산 계곡에 가면 만날 수 있어요, 보림.

Alexandra Morton(1991), Siwiti — A Whale's Story, photography by Robin & Alexandra Morton, Canada: Canadian Cataloguing in Publication Data.

Andrea U'Ren(2003), Mary Smith, Farrar, Straus and Giroux.

Antony Mason(1993), Matisse(Famous Artists), Barrons Juveniles, 햇살과 나무꾼 역(1996), 마티스 — 세계의 미술가 기행 6, 웅진닷컴.

Brandenberg Aliki(1983), A Medieval Feast, HarperTrophy.

Betty Root(1993), DK First Dictionary, illustrated by Jonathan Langley, London: Dorling Kindersley Limited.

Carol Carrick(1993), Whales, Clarion Books.

Carol Carrick(1993), Whaling Days, woodcuts by David Frempton, Clarion Books.

David Macaulay(1973), Cathedral, Houghton Mifflin Company.

David Macaulay(1988), The New Way Things Work, Dorling Kindersley Limited.

Diana Pomeroy(1996), One Potato, Florida: Harcourt Brace & Company.

Donald Crews(1980), Truck, William Morrow & Company, 시공주니어(1996), 트럭.

Eileen Christelow(1995), What Do Authors Do?, New York: Clarion Books.

Eileen Christelow(1999), What Do Illustrators Do?, New York: Clarion Books.

Erick Berry(1928), Girls in Africa, Macmillan.

George Ancona(1999), Carnaval, Florida: Harcourt Brace & Company.

Hendrik Willem Van Loon(1948), The Story of Mankind, Liveright Publishing Corporation: 인류 이야기, 아이필드.

Howard Greenfeld(1993), The Hidden Children, Houghton Mifflin Company.

Ingri D' Aulaire(1987), Abraham Lincoln, Yearling.

Jan Reynolds(1994), Mongolia, New York: Harcourt Brace & Company.

Jeanette Eaton(1950), Gandi Fighter Without a Sword, William Morrow and Company.

Jennie Hell(1936), Buried Cities, MacMillan.

Jim Murphy(1995), The Great Fire, Scholastic Paperbacks.

Joanna Cole, The Magic School Bus, illustrated by Bruce Degen, Scholastic, 이연수 외 역(1999), 신기한 스쿨버스, 비룡소.

John Amos Comenius(1657), Orbis Pictus, 남혜승 역(1999), 세계 도회, 씨앗을 뿌리는 사람.

Julius Leaster(1968), To Be a Slave, Puffin.

Karla Kuskin(1982), The Philharmonic gets dressed, illustrated by Marc Simont, HarperTrophy.

Marcia Williams(1998), Mr. William Shakespeare' s Plays, London: Walker Books

Michio Hoshino(1992), The Grizzly Bear Family Book, New York: North-South books.

Mitsumasa Anno(1986), Anno' s Counting Book, Harper Collins Publishers, 마루벌(1997), 함께 세어보아요.

Mordicai Gerstein(2003), The Man Who Walked Between The Towers, Brookfield, CO: Roaring Brook Press.

Ossie Davis(1976), Escape to Freedom: A Play about Young Frederick Douglass, Puffin Books.

Peter Spier(1980), People, Bantam Doubleday Dell Publishing Group.

Rhoda Blumberg(1985), Commodore Perry in the Land of the Shogun, New York: Lothrop.

Russell Freedman(1989), Lincoln: A Photobiography, Houghton Mifflin social studies.

Russell Freedman and Lewis Hine(1998), Kids at Work: Lewis Hine and the Crusade Against Child Labor, Clarion Books.

Saxton Freymann & Joost Elffers(1999), How are you peeling?: Foods with moods, Arthur A, Levine Books.

Seymour Simon(1990), Deserts, New York: A Mulberry Paperback Book.

Seymour Simon(1990), New Questions and Answers about Dinosaurs, Morrow Junior Books.

Seymour Simon(1993), Wolves, New York: Harper Collins Publishers.

Stephen T. Johnson(1995), Alphabet City, Puffin Books.

Steve Jenkins & Robin Page(2003), What do you do with a tail like this?, Boston: Houghton Mifflin Company.

Virginia Lee Burton(1962), Life Story, Houghton Mifflin.

II. 정보책과 지도

Ⅱ. 정보책과 지도

1. 지도란 무엇인가?

지도는 길을 안내해주는 그림이다. 그래서 사람들은 지도를 길잡이로 삼아 특정 공간의 지형이나 도로, 건물의 위치를 쉽게 찾아낼 수 있다. 지도는 우리말 사전이 정의하고 있는 것처럼 '여러 가지 일정한 기호·문자·색 따위를 써서 지구 표면의 일부나 전부를 그림으로 나타낸 것'이기 때문이다. 그러니까 지도에는 일정한 축척에 따라 지구 표면의 공간이 갖는 넓이는 물론 공간들 사이의 거리나 방위 등이 정확하게 반영되어 있다.

뿐만 아니라, 지도는 일종의 의사소통 수단이다. 지도는 약속된 기호에 따라 만들어진 것이기 때문에 지도를 보는 사람은 누구나 쉽게 그리고 같은 의미로 지도가 담고 있는 정보를 읽을 수 있다.

그러나 지도가 지구 표면의 실제 모습을 정확하게 반영한 그림인 것은 분명하지만 지구 표면의 모든 것을 보여주는 것은 아니다. 꼭 필요하다고 생각되는 요소만을 골라 간단 명료하게 표현한 것이다. 따라서 이러한 선택 과정을 거쳐 제작된 지도는 지구 표면의 모습뿐만 아니라, 지도 제작 당시의 사회상이나 세계관 및 미적 감각도 엿볼 수 있는 중요한 자료라 할 수 있다. 지도 그림을 통해 당시 생활의 중심지는 물론 공간들 사이의 상대적 위상 등을 한 눈에 알 수 있기 때문이다.

시대와 사회가 변화하면서 달라진 것은 비단 지도의 내용뿐만이 아니다. 각종 매체가 발달하게 되면서 지도의 형태 또한 다채롭게 변화하고 있다.

2. 지도의 역사

지도의 역사는 고대에서부터 시작된다. 지금까지 전해진 가장 오래된 지도는 기원전 700년경의 바빌로니아 점토판 지도이다. 거기에는 기원전 2300년경의 인물인 사르곤 대왕의 원정 이야기가 기록되어 있다.

우리나라의 경우, 최초의 지도는 고구려 고분에서 발견된 요동성 그림지도이다. 요동성 안팎의 지형과 성의 구조, 도로 등이 그려져 있는 4세기경의 지도로, 삼국시대 지도 가운데 유일하게 전해지는 것이다. 고려시대에도 다양한 지도를 만들었다는 기록은 있으나 전해지는 것이 없다.

현존하는 우리나라 최초의 전국지도는 조선시대에 작성된 동국지도로 알려져 있다. 1463년 정척과 양성지 등이 왕명에 따라 몸소 한반도 곳곳을 답사하여 만든 조선 전도이다.

그 이후 오랜 시간에 걸쳐 지도 제작 기술이 축적되면서,

김정호의 대동여지도가 나오게 되었다. 김정호는 〈대동여지도〉의 '지도유설'에서 지도의 유용성에 대해 다음과 같이 이야기하고 있다.

> 요새가 되는 곳을 알려 주고, 느리고 급한 것을 살펴 기습 공격하는 것과 정면 공격하는 것이 가슴 속에서 결정되게 하여, 죽고 사는 것이 손바닥 위에서 변하게 된다. 또한 임금이 안으로 세상을 다스리고 밖으로 사방의 오랑캐를 막기 위해 가지와 줄기, 강한 것과 약한 것, 가장자리와 중심자리, 중요한 것과 가벼운 것을 구분할 줄 알게 한다. 임금이 백성과 나라를 맡긴 지방의 관리들이 그 지역에 뒤섞여 있는 것과 산과 못의 우거지고 숨겨진 곳, 농사짓고 누에 치고 샘물을 쓰는 데 유리한 것, 백성들의 사는 모습, 풍속이 다스려지는 것을 모두 알게 한다. 그리고 백성들이 여행하고 왕래하는 데 물길이나 육로의 험하고 평탄함에 따라 나아가고 피하는 길을 알려 준다. 세상이 어지러우면 쳐들어오는 적을 막고 힘세고 나쁜 무리들을 없애며, 시절이 평화로우면 나라를 경영하고 백성을 다스리게 한다(대동여지도, 서울문화사, 2006).

여기서 알 수 있듯, 우리나라의 경우, 지도의 역사는 적의 공격을 막고 나라를 잘 다스리고자 한 임금의 정치 철학과 관련되어 있다.

그러나 서양의 지도의 역사를 보면 우리와는 사뭇 다르다. 사르곤 대왕의 원정기가 고대 바빌로니아 점토판 지도에 기록되어 있는 것에서 알 수 있듯, 새로운 영토를 점령하고 소유권을 주장하기 위한 수단으로 이용되는 경우가 많았다.

초기 네덜란드의 탐험가들 역시 발견한 지역을 지도에 기술하고 그 지도를 이용하여, 영토에 대한 권리까지 주장하였다. 네덜란드 정부에서는 심지어 북아메리카를 탐험하러 떠나는 자국의 탐험가들에게 새로 발견한 땅에 대한 상세 지도를 작성하고 주변 상황을 빠짐없이 기술할 것을 지시했다. 결국 이 지시에 따라 제작된 지도는 단순히 새로 발견한 곳을 알리는 것에 그치는 것이 아니라, 그 자체로 소유권을 주장할 수 있는 결정적인 근거가 되었다.

크리스토퍼 콜롬부스 역시 이와 크게 다르지 않다. 그는 신대륙을 발견했을 때 카리브해에 위치한 여러 섬을 잘 기술하여 스페인 왕실의 총애를 받았다. 원주민이 사용해오던 섬의 지명을 무시하고, 스페인 식 지명을 붙여 그 섬을 보다 쉽게 이해할 수 있게 하였기 때문이다. 거기에는 물론 그 섬들을 스페인으로 것으로 만들고자 한 의도가 깔려 있었다. 얼핏 보면 별 문제가 되지 않는 것처럼 보이는 콜롬부스의 이 행위가 이후 어떤 결과를 나았는지는 어렵지 않게 짐작할 수 있다. 콜롬부스의 항해 이후, 그 이름들이 스페인 지도에 새겨졌고, 이후 다른 나라에서 제작된 지도에도 똑같이 새겨졌다. 그리고 그러한 사실이 바로 섬에 대한 스페인의 소유권을 주장하는 데 도움이 되었다(David, 2005).

영국도 마찬가지다. 영국 또한 자국의 탐험가들이 처음으로 발견했다고 주장하는 땅을 자신의 것으로 만드는 일이 있었는데 그 때마다 어김없이 지도가 근거로 사용되었다. 영국의 국왕접견 대기실에 걸린 지도는 외국의 사절에게 북아메리카의 연안에 대한 권리가 영국에게 있음을 알리는 일종의 통첩과도 같은 역할을 하였다. 영국은 인도에서 대규모 지도 제작 사업을 벌였다. 실제로 영국이 18세기 후반, 인도를 하나의 지도에 담아내기 전까지 인도에는 나라 전체를 수렴할 만한 정체성이 존재하지 않았다. 그러나 지도가 완성되면서, 영국은 물론이고 인도의 원주민도 인도라는 나라 전체의 틀을 바라볼 수 있게 되었다. 영국은 이러한 과정을 통해 인도에 뿌리를 내리게 되었으며, 그와 동시에, 200년 후에는 자국에 치명적인 결과를 가져다줄, 인도의 민족주의 까지 태동시킨 셈이다.

이처럼 지도는 땅에 대한 실제적 지식을 전달해 주는 것에서부터 시작하여 그 땅을 자기 것으로 주장할 수 있는 합법적인 근거로 작용하게 되었고, 인도의 경우에서 보듯, 자신의 땅과 민족에 대한 의식을 불러일으켜 민족 독립을 주창하게 하는 원동력이 되었다.

지금까지 살펴본 것처럼, 어떤 땅에 대한 지도를 제작하는 것은 그 땅에 대한 합법적인 소유권을 인정받을 수 있는 근거를 마련하는 첫 번째 단계였다. 한 국가가 특정 식민지 영토에 대해 보다 강력한 소유권을 주장하고 그 주장을 다른 국가들이 인정하는 경우는, 대개 그 영토에 대한 권리를 주장하는 국가가 지도 제작을 통해, 그 영토를 보다 정확하게 파악하고 있을 때였기 때문이다.

그런가 하면 인류는 또 세계에 대해 알고 싶어 하는 욕망을 수많은 종류의 지도에 투사해 왔다. 우리가 지도를 보면서 지도를 그린 사람들과 그들이 살았던 시대의 세계관과 우주관을 읽을 수 있는 것도 바로 그 때문이다. 지도는 스페인과 포르투갈을 비롯한 유럽 각국이 새로운 대륙을 발견하게 되면서부터 일반인들의 삶의 구석구석까지 스며들었다. 사람들은 국경선이 표시된 지도를 보면서 자신이 살고 있는 세계를 하나의 실체로서 이해하게 되었다.

그런데 현대에 접어들면서 지도는 오히려 개인적이며, 일상적인 매체라는 새로운 의미를 갖게 되었다. 지형도라는 지도의 기본적인 개념을 바탕으로 공간과 관련된 각종 정보를 모두 지도를 통해 표현할 수 있게 되었기 때문이다. 이른

바 주제도라 불리는 다양한 종류의 지도가 바로 그러하다. 다시 말해 인간의 삶에 필요한 온갖 정보를 지도의 형식을 빌려 표현하고 있다고 해도 과언이 아니다. 예를 들어 오늘의 날씨나 개나리의 개화 시기는 물론 산업 분포와 고속버스 운행시간 및 요금, 그리고 상품의 운송 경로까지도 지도에서 일목요연하게 확인할 수 있게 되었다. 따라서 특정 목적에 따라 활용할 수 있는 지도의 종류는 그 범위가 실로 광범위하다. 그리고 이러한 지도의 변천사는 무엇보다도 적절한 지도 교육의 필요성을 분명하게 시사해주고 있다.

3. 지도 교육의 필요성

특정 공간에 몸담고 있는 인간의 삶은 거리와 범위의 차이는 있을지언정, 수많은 공간을 가로지로는 끊임없는 움직임으로 이루어져있다고 해도 과언이 아니다. 따라서 우리는 알게 모르게 매순간 공간을 탐색하며 공간에 대한 정보를 행동에 반영하게 된다. 이러한 행위는 우리가 지금 당장 가볼 수 없는 미지의 공간에 대해서도 예외가 아니다. 그리고 이때 널리 활용되는 것이 바로 지도이다.

이외에도 앞서 살펴본 지도의 정의나, 지도의 역사는 지도 교육의 필요성을 충분히 말해준다.

지도는 지도를 읽을 수 있는 능력은 물론 지도로부터 얻은 정보를 해석하는 능력을 요구한다. 특히 각종 주제도의 경우에서 보듯, 지도를 이용하여 여러 가지 사실을 추론하고 상황과 관계를 파악하는 능력은 지도 교육에서 매우 중요한 부분을 차지하고 있다. 물론 지도상에 표시된 기호나 축척, 방위등과 같이 지도를 이루는 기본 요소들에 대한 이해가 전제되어야 함은 두말할 필요가 없다.

따라서 지도에 대한 교육은 단순히 수학, 과학적인 사고를 넘어 사회적 의미를 파악하는 데까지 확장되어야 한다. 지도가 갖는 역사적, 사회적 의미는 앞서 살펴본 영국과 인도의 예까지 가지 않더라도 독도 문제를 통해서도 쉽게 확인할 수 있다.

우리나라의 경우, 지도 교육에 대한 인식은 상당부분 식민정책이나 민족적 정체감과 맞물려 있던 외국의 경우와 달리 소극적인 편이었다. 그리고 이를 반영하기라도 하듯 실제 일반인의 지도 활용 능력은 미흡한 실정이다. 이는 지도에 대한 기술적 지식은 습득했다 하더라도 그것을 실생활에 활용할 수 있는 교육이 이루어지지 않았기 때문이다. 여기에는 지도는 매우 복합적인 형태의 도구인데 반해 지도를 활용하는 능력은 저절로 습득될 수 있다는 인식도 한 몫 한 것으로 여겨진다. 그리고 또 무엇보다도 지리교육과정에서조차, 지도 교육과 활용 방법에 대해서는 그다지 관심을 보이지 않은 것에 가장 큰 원인이 있다고 생각된다(최낭수, 2000).

4. 교육과정과 지도

우리나라 교육과정에서 다루고 있는 지도 학습 내용을 살펴보기 전에 아동의 지도와 공간에 대한 개념 발달을 살펴보면 다음과 같다.

1) 지도와 공간에 대한 탐색 및 개념발달

인간의 공간에 대한 탐색과 개념발달은 출생과 더불어 시작되며, 그 범위가 점차 확대된다. 그 발달 과정을 살펴보면 다음과 같다.

영아 : 개인적 공간 중심	• 자기 자신을 탐색하게 된다. • 신체에 대한 지각이 가능하다. • 침대, 집, 유아 교육기관과 같은 직접적인 환경의 물리적 특성에 익숙해지기 시작한다. • 중요한 사람을 알아보기 시작한다.
걸음마기 : 개인적, 지역적 공간 중심	• 교실, 놀이터, 이웃, 친구, 친척집과 같은 직접적 환경에 대한 탐색으로 범위가 확장된다. • 매체, 이야기 책을 통해 거리를 생각하고 눈에 보이지 않는 공간에 대한 이미지를 떠올릴 수 있다.
유아 : 개인적, 지역적, 국가적 공간으로 확대	• 개인적 공간에 대해 정교하게 생각할 수 있다. • 환경과 사람과의 직접적인 상호작용을 통해 지역적 공간에 대한 생각을 정리할 수 있다. • 이웃, 상가, 유원지와 같은 지역적 공간 안에 있는 사람과 물체에 대한 이미지를 구성할 수 있다. • 가족과의 외출, 친척과 친구 방문, 그리고 공간 관계에 기초한 교실활동을 통해 공간을 경험하게 된다. • 매체, 음악, 문학 작품을 통해 국가적 공간에 대한 생각을 발달시킬 수 있다.
학령기 : 개인적, 지역적, 국가적, 세계적 공간으로 확대	• 개인적 공간에 대한 생각은 점점 더 정교해진다. • 매체, 교육, 친구와 성인들을 통해 지역적, 국가적, 세계적 공간에 대한 개념으로 확장된다.

Fletcher(2000)

미국 지리교육협회(National Council for Geographic Education)와 미국 지리학자 협회(Association of American Geographers)에서는 공통으로 지리교육에 대한 기본 주제를 다음과 같은 5가지로 제시하고 있다(Savage & Armstrong, 1996).

첫째, 지구상의 절대적, 상대적 위치

둘째, 다른 장소와 구별되는 고유의 특성-자연적 특성과 인문적 특성-을 가지고 있는 장소

셋째, 인간과 환경이 서로에게 미치는 영향과 인간의 상호작용

넷째, 지구상에서의 사람, 상품, 아이디어의 이동

다섯째, 정치적, 언어적, 지형적인 특성에 따른 지역을 말한다(Buckly & Leacock, 1993).

영국의 국가 기준 GCSE(The General Certificate of Secondary Education)에 근거하여 지리학에서 지향하는 지리 학습 목표는 다음과 같다.

첫째, 위치의 개념을 포함하는 장소에 대한 지식과 이해

둘째, 분포의 개념을 포함한 자연 및 인문환경에 대한 지식과 이해

셋째, 환경개발에 영향을 주는 과정에 대한 이해

넷째, 인간과 인간사이, 인간과 환경사이의 상호작용에 대한 이해

다섯째, 다른 지역사회와 문화에 대한 이해

여섯째, 현장 학습, 지도, 사진과 그 정보를 직접 이용할 수 있는 기술 습득

일곱째, 환경에 대한 민감한 인식

여덟째, 환경과 토지를 이용하는 방식은 인간의 태도와

가치에 의해 결정된다는 사실에 대한 이해,

아홉째, 사람들은 지역에 따라 다른 기회를 가질 수 있다는 사실에 대한 이해를 목표로 한다(Milner, 1988:4-6).

3) 우리나라의 지도교육

① 유치원 교육과정의 지도교육

지도와 관련된 유치원 교육과정을 살펴보면 사회생활영역에서 주로 다루어지며, 주변 지역에 대한 관심에서 시작하여 점차 세계의 여러 나라와 문화에 대해 관심을 가질 수 있도록 설정되어 있다.

사회 생활	사회 현상과 환경	주변 지역에 관심가지기	• 우리 동네의 이름과 집의 위치를 알아본다. • 유치원에 오고가는 방법을 알아본다. • 우리 동네의 모습과 특징을 알아본다. • 우리 동네에 있는 여러 기관을 알아본다. • 다른 지역으로 가는 방법을 알아본다.
		세계 여러 나라와 문화에 관심 가지기	• 다른 나라 사람에 대해 관심을 가진다. • 다른 나라의 생활풍습을 알아본다. • 여러 나라의 다양한 문화를 존중한다.

② 초등학교 교육과정의 지도교육

지도와 관련된 우리나라 초등학교 사회교과의 교육과정을 살펴보면 학년별로 중점을 두는 내용과 범위를 설정하여, 일관성을 유지하도록 하고 있다. 그 중에서 '지도' 교육과 관련된 내용을 살펴보면 1학년과 2학년에서는 주변 환경을 인식할 수 있도록 동네를 관찰하는 것을 내용으로 하고 있다. 3학년에서는 비록 초보적이지만 그림 지도를 그리고 읽도록 함으로써 지도 사용법을 익힐 수 있도록 하였다. 4학년에서는 본격적인 지도 사용을 위한 지도의 요소와 표현 방법을, 5학년에서는 지도를 통해서 기후와 환경에 대한 정보를 파악할 수 있게 하고 있다. 6학년에서는 지구본과 지도

를 통해 역사와 문화, 그리고 지리적으로 우리와 관계가 밀
접한 나라들에 대한 내용을 포함하고 있다.

이와 같이 7차 교육과정에서의 사회교과는 공간 확대법의
원리를 따르고 있다. 자기 자신에서 출발하여 점차 가족, 마
을, 고장, 시·도, 국가, 세계로 확대시키는 원리이다. 왜냐
하면 가까운 주변 환경에서 시작하여 점차 넓게 확장시켜
나가는 것이 사회에 대한 충분한 이해는 물론 여러 가지 개
념이나 사실을 습득하는 데 도움이 된다고 생각하기 때문이
다.

그러나 현실을 돌아보면 반드시 그렇지만은 않은 것 같다.
대중 매체의 발달과 보급으로 인해 세계 각국에 대한 정보
는 성인은 물론 어린이에게도 동시에 전달되고 있는 실정이
다. 따라서 공간 확대법의 원리에 따른 교육도 필요하지만,
발달단계를 고려하여 세계적인 공간에 대한 교육도 동시에
이루어질 필요가 있겠다.

어떻게 보면, 울릉도나 보길도를 다녀온 아이들보다 거리
로는 더 먼 곳에 위치해 있지만, 미국이나, 캐나다, 호주를
다녀온 아이들이 더 많은 현실에서 점진적인 공간 확대의
개념은 이론과 실제와의 거리를 실감하게 한다. 따라서 보
다 현실적인 공간 이해의 모형이 제시될 필요가 있다. 플레
처(Fletcher, 2000)의 '공간에 대한 탐색 및 개념 발달' 을 고
려하여 발달에 따라 점차 확장되는 형태로의 공간 개념을
고려하되, 확장의 형태와 방향을 일방적인 것으로 고려하는
대신, 이 공간들 사이의 관계를 보다 유기적으로 이해할 수
있게 하는 방안과 더불어 각각의 공간에 대한 생각을 보다
심화시켜 나갈 수 있게 해주는 방안을 검토해볼 필요가 있
겠다.

그런데 실제 초등학교 사회교과에서 다루고 있는 지도에

대한 교육은 크게 두 가지 유형으로 나누어 볼 수 있다. 첫째는 지도 자체에 대한 이해를 목표로 하고 있다. 지도의 본질과 목적을 이해하고, 지도에 사용되는 기호와 방위 개념, 그리고 척도를 이해하는 것이 주된 내용이다. 둘째는 첫 번째 유형의 학습을 기초로, 지도를 이용하여 각종 추론 능력과 상황 및 관계 파악능력을 기르는 것이다(교육부, 1999). 지도를 해석하는 것과 같은 능력이 바로 이 두 번째 유형에 해당된다.

지도에 대한 교육이 초등학교부터 시작되고 있지만, 지도를 보며 공간 정보를 파악하는 데 어려움을 갖는 사람은 의외로 많다(Muir, 1985). 새비지와 암스트롱(1996)은 지도의 정보를 해석하는 능력은 지도와 관련하여 가장 널리 활용될 수 있는 능력으로, 초등학교 사회과의 지도 교육에서 가장 중요하다고 말한다.

아동이 지도를 보면서 공간에 대한 정보를 잘 파악하지 못하는 이유는 두 가지로 설명될 수 있다. 첫째는 아동의 공간인지 능력을 고려하지 않은 채 지도교육을 실시하기 때문이며, 둘째는 실제 교수 학습 활동이 지도에 나타난 공간정보와 아동의 실제 환경과의 관계를 이해할 수 있도록 구성되어 있지 않기 때문이다(Muir, 1985).

우리나라에서도 아동의 공간 관계 개념과 지도 개념의 발달 수준은 실제 사회 교과 과정에서 설정하고 있는 수준에 비해 크게 낮은 것으로 확인되었다(김연식, 1993). 이는 사회과의 지도 교육이 아동의 공간인지능력을 특별히 고려하지 않은 채 개발, 시행되고 있으며 그 결과 지도 교육자체가 지도를 통해 공간의 실체와 공간 정보를 파악하는 데 별다른 도움을 주지 못하고 있음을 입증해준다.

5. 정보책과 지도 학습

　한국 최초의 근대적 잡지라고 일컬어지는 〈소년〉은 창간 호부터 '봉길이 지리공부' 라는 제목의 지상강좌를 연재한다. 이 글의 필자인 최남선은 일본의 지리학자 고토 박사가 한반도의 모습을 토끼에 비유한 것에 이의를 제기한다. 그는 호랑이 그림을 통해, 한반도는 맹호가 발을 들고 동아 대륙을 향하여 나는 듯 뛰는 듯 생기 있게 할퀴며 달려드는 형상을 띠고 있다고 주장한다. 이 호랑이는 학교 교육과 매체를 통하여 일약 국민적 도상으로 떠올랐고 사람들의 마음속에 호랑이의 기상을 갖게 해주었다. 요컨대 지도의 역사에서도 확인할 수 있었던 것처럼, 지도는 국민을 하나로 묶는 강력한 미디어인 셈이다.

　2006년 현재 '지도' 와 관련된 정보책은 30여 종에 달한다. 본 책에 소개된 지도관련 도서의 출판 년도를 살펴보면, 1990년 1권, 2001년 2권, 2002년 2권, 2003년 1권, 2004년 5권, 2005년 8권, 2006년 8월 말 현재 8권에 달한다. 2000년에 접어들면서 지도 관련도서가 번역 출판되기 시작했고, 2004년부터는 국내에서 창작된 지도 관련도서들이 출판되었다. 그리고 2005년과 2006년 들어 전례 없이 많은 지도책들이 출판되고 있는 실정이다. 우리가 소개한 책 가운데 국내 창작물은 8권에 불과하지만, 이러한 추세라면 지도 관련도서의 증가는 당분간 지속될 것으로 전망된다. 이러한 사실은 결국 현대 사회에서 지도의 중요성은 물론 지도 교육의 중요성을 시사하는 것으로 이해될 수 있다.

　지도와 관련된 정보 그림책은 유아와 초등학생에게 개인

과 지역, 그리고 세계에 대한 정보를 다양하게 제시하고 있다. 따라서 이러한 책을 활용하여, 각 발달 단계에 맞게 초보적인 단계에서 점차 심화된 단계의 정보를 접할 수 있도록 하는 것은 매우 중요한 일이다.

이러한 맥락에서 우리가 설정한 정보책을 활용한 '지도' 교육의 목표는 보다 효율적인 정보책 활용을 통해, 지도의 본질과 목적을 이해하고, 지도에 사용된 기호는 물론 방위와 척도의 개념을 이해하며, 이를 기초로 각종 추론 능력과 상황 및 관계 파악능력을 길러 지도에 제시된 정보를 해석해낼 수 있도록 하는 데 있다. 헤들리와 던스턴(Headley & Dunston, 2000)은 교과과정에서 정보책을 사용한 교사들의 예를 들며, 정보책이 교과과정에 미치는 긍정적인 효과를 주장한 바 있다. 즉 수업에 정보책을 사용함으로써 교사는 학생들의 흥미를 이끌어 낼 수 있고 강한 동기를 부여할 수 있을 뿐만 아니라, 수업 내용에 대한 이해를 향상시킬 수 있다고 하였다.

이임숙(2006)은 우리나라 초등학교 5학년을 대상으로 '지도'에 대한 전통적 교수법과 '지도' 관련 정보책을 활용한 문학교육 프로그램의 효과를 비교한 연구에서, 정보책을 활용한 프로그램이 학습 흥미도나, 지도 이해력, 그리고 공간인지능력을 향상시키는 데 크게 기여하고 있음을 보여주었다.

교육부(19999), 초등학교 교육과정 해설(Ⅲ), 서울: 대한교과서 주식회사

김연식(1993), 공간개념발달과 사회과 교육과정의 Sequence, 한국교원대학교 대학원 석사학위
논문.

김혜연(2004), 지도(map) 관련활동이 유아의 공간 조망능력에 미치는 영향, 중앙대학교 대학원
석사학위논문.

박천홍(2006), 대동여지도, 서울문화사.

신의경(1997), 공간인지능력향상을 위한 초등사회과 지도(map)학습 프로그램 개발, 이화여자대
학교 교육대학원 석사학위논문.

이임숙(2006), 정보책을 활용한 문학교육프로그램이 아동의 공간인지능력에 미치는 영향, 성균
관대학교 대학원 석사학위논문.

최낭수(2000), 지리 교과서에서 아동의 지도 도해력 향상에 관한 실험 연구, 서울대학교대학원 박
사학위논문.

Buckly, S. & Leacock, E.(1993), Hands on Geography: Reproducible and Activies to
Development Early Geography Skills, New York: Scholastic Inc.

David, D.(2005), 이경식(역), 정복의 법칙, 휴먼북스.

Fletcher, M.(2000), Teaching Social studies in Early Education. NY. Albany.

Headley, K. N. & Dunston, P. J.(2000), Teachers' Choice book and Comprehension strategies
as Transaction tools, The Reading Teacher.

Mikio, W.(1995), 정선태(역), 지도의 상상력, 산처럼.

Milner, J. S.(1988), Geography : London GCSE revise guides, Longman.

Muir, S. P.(1985), Understanding and Improving Students Map Reading Skills, The Elementary
School Journal, pp. 207-216.

Savage, T. V. & Armstrong, D. G.(1996), Effective Teaching in Elementary Social Studies, 3rd
edition, New Jersey: Drentice-Hall Inc, pp. 207-216.

Ⅲ. 정보책 활용 방법론

Ⅲ. 정보책 활용 방법론

1. 읽는 방법

　아동에게 권장할 수 있는 책읽기 방법에는 여러 가지가 있다. 혼자 조용히 읽는 것에서부터 소리내어 읽기, 둘이 읽기, 여럿이 함께 읽기 등 매우 다양하다. 아동은 이렇듯 다양한 읽기 방식을 통해 문학이 가져다주는 즐거움과 감동을 보다 다채롭게 경험할 수 있다. 따라서 책을 앞에 놓고 읽기 방식을 선택하는 것 또한 문학적 경험에서 중요하게 고려해볼 문제다. 이를 위해 일반적으로 모든 장르의 책에 활용 가능한 읽기 방법을 살펴보면 다음과 같다.

1) 소리내어 읽기

　읽기에서의 성공은 개인의 문학에 대한 경험, 그 중에서도 특히 가정 및 학교에서의 초기 읽기 경험에 좌우된다는 사실이 여러 연구를 통해 입증되었다. 집에서 책읽는 것을 듣고 자란 아동이 더 나은 독자로 성장한다는 것은 분명한 사실이 되었다(Wells, 1986). 다시 말해 아동에게 책을 소리

내어 읽어주게 되면 아동의 듣기 능력 뿐만 아니라 말하기 능력과 쓰기 능력이 향상되고, 아동은 이후 책을 사랑하는 훌륭한 독자로 성장하게 된다는 것이다(Martinez & Teale, 1988).

① 수업 첫 날부터 아동에게 책을 읽어준다.
② 동화나 시를 읽어주기 전에 먼저 자료를 검토한다.
③ 책을 읽기 전에 토의시간을 마련해 책에 대한 흥미를 갖도록 한다.
④ 교사와 아동이 서로 볼 수 있도록 아동을 반원으로 편하게 앉게 하고, 주의를 분산시킬 수 있는 것들은 치운다.
⑤ 교사는 낮은 의자에 앉아 아동의 눈높이에 맞춰 책을 읽어준다. 그렇게 하면 아동이 그림을 잘 볼 수 있다.
⑥ 이야기나 시에 충분히 몰입하여, 몸짓이나 소리, 목소리의 억양을 이용해 이야기나 시의 느낌을 생생하게 전달한다.
⑦ 읽으면서 적당한 때에 아동이 적극적으로 참여하도록 격려한다.
⑧ 적당하다고 생각될 때마다 아동에게 질문을 던져 아동이 더 잘 이해하고 흥미를 느낄 수 있도록 한다.
⑨ 한 번에 한 章이나 책 전체를 다 읽는 것이 어려우면, 손에 땀을 쥐게 하는 부분에서 중단하여, 다음 시간을 기대하게 한다.
⑩ 다 읽어준 다음에는 들은 것을 조용히 생각해볼 수 있는 시간을 주어, 아이들이 자신들의 감정을 면밀히 살펴보고 작품을 내면화할 수 있도록 한다.
⑪ 아이들에게 느낌이나, 의견, 결론을 자유롭게 표현할 수 있는 기회를 준다.

2) 함께 읽기

함께 읽기 방식은 소리내어 읽기와 밀접한 관련을 갖는다.

함께 읽는 과정에 자주 도입되는 것이 소리내어 읽는 것이기 때문이다. 교사는 잠자기 전에 부모와 아이가 하는 것처럼 아이들과 책을 함께 읽는다. 함께 책을 읽는 것은 학령 초기 아동은 물론 더 나이든 아동에게도 매우 효과적인 방식이다. 함께 읽는 과정에서 아이들이 중요한 읽기 능력을 습득하기 때문이다. 즉 아이들은 문어의 형식과 구어의 형식 사이의 관계를 배우게 된다. 반복되는 단어를 들으면서 책을 보게 되기 때문에 글자와 소리를 연결시킬 수 있게 된다. 그리고 무엇보다도 읽는 것이 즐겁고 유쾌한 일이라는 것을 배운다.

함께 읽기에는 함께 책 경험하기, 시 함께 읽기, 짝 지어 읽기 등이 있다.

① 아동 모두가 그림과 글을 볼 수 있도록 한다.
② 표지 그림, 제목, 과거의 경험과 관련지어볼 수 있는 것 등을 물어보고 이야기를 소개한다.
③ 무엇보다도 책 읽는 기쁨을 느낄 수 있도록 실감나게 책을 읽어준다.
④ 그림, 캐릭터, 혹은 좋아하는 부분에 대해 자연스럽게 토론한다.
⑤ 혼자 읽기, 연극, 미술, 음악, 글쓰기 등과 같이 적절한 사후활동을 한다.
⑥ 책을 읽는 동안이나 읽은 다음 실시한 활동에서 특기할 만한 점이 있으면 관찰카드에 기록한다.

3) 혼자 읽기

매일, 또는 하루 걸러 일정한 시간을 정해놓고 혼자 읽도록 한다. 교사도 물론 아이들과 똑같이 책을 읽는다. 아이들이 점차 혼자 읽는 시간을 원하게 되면서, 그것이 좋은 습관으로 자리잡게 된다. 혼자 읽는 시간은 서서히 늘리도록 한다.

① 좋아할 만한 책을 최소한 2개는 선택한다.
② 교실에서는 돌아다니거나 이야기 하지 않는다.
③ 함께 읽을 것에 대해 생각한다.

학년	최소시간	최대시간
유치원/초1학년	3 - 5 분	10 - 15 분
초 2~3학년	5 - 10분	15 - 20 분
초 4~6학년	10 - 15분	20 - 30 분

4) 짝지어 읽기

짝지어 읽기는 읽기 수준이 서로 다른 사람들 사이에서 흔히 행해지는 방식으로, 읽기에 서툰 아이가 더 잘 읽는 아이를 따르도록 하는 방법이다. 물론 교사와 아이가 짝을 이룰 수도 있다. 이 방법은 원래 부모를 위해 만들어졌으나 다양한 장면에서 활용할 수 있다(Topping,1987).

① 읽기 능력에 따라 읽기 능력이 좀 서툰 아동을 더 유창하게 읽을 수 있는 아동과 짝 지운다.
② 방법이 효과를 거두려면 책을 잘 선택해야 한다. 너무 쉽거나 너무 어려운 책은 교사나 아동 모두에게 곤란하다.
③ 짝지어 읽는 두 사람 사이의 관계와, 글의 난이도, 책의 선택에 대해 모니터한다.
④ 읽는 과정에서 아동의 태도와 진도를 기록한다. 그리고

그 기록을 토대로 아동의 읽기를 촉진시킬 수 있는 방
법을 모색한다.

⑤ 주기적으로 짝지어 읽기 프로그램을 평가하고 피드백
을 제공한다.

⑥ 시간을 정해 규칙적으로 실시한다. 짝지어 읽기는 독립
적인 읽기 과정에서 응용해볼 수 있다. 즉 공간이 허락
하고 소음을 최소화할 수 있다면, 독립적인 독서와 병
행이 가능하다.

⑦ 안락하고 밝으며 조용한 곳에서 실시 한다.

⑧ 아동은 둘이 읽는 방법을 터득해야 한다. 어려운 문장
이 나오면 큰 소리로 함께 읽는다. 아동이 잘못 읽으면
교사는 바르게 고쳐주고 필요하면 언제든지 도와주어
야 한다.

2. 효과적인 정보책 읽기 방법

아동은 정보책을 통해 자신에게 친근한 주제에 대해 보다
새로운 전망과 시각을 갖게 된다. 정보책을 통해 새로운 발
견이 가져다주는 기쁨을 경험할 수 있으며 과학적 접근 방
법을 배울 수 있다. 다시 말해 체험, 관찰, 비교의 방법에 대
해 배우게 되고 그 내용을 공식화하고 가설을 검증하여 결
론을 이끌어 내는 방법을 배울 수 있다. 뿐만 아니라, 비판적
으로 읽고 사고할 수 있는 능력을 발달시킬 수 있다. 그런가
하면 또 책의 판권에 대한 정보를 통해 최신의 정보를 싣고
있는 책인지 식별해낼 수 있다.

그러나 정보책을 읽는 방식은 문학 작품을 읽는 것과는 다

소 차이가 있다. 정보책의 정보를 효과적으로 습득하기 위한 읽기 방법으로는 다음과 같은 방법이 있다.

1) 훑어 읽기

훑어 읽기는 나무를 보지 않고 숲을 보는 독서 방법이다. 대강의 내용을 간추려 읽어 짧은 시간 안에 글쓴이의 의도를 파악하는 방법이다. 이때 독자는 자신이 왜 그 책을 읽는지 분명히 알아야 한다. 정보의 홍수 속에서 짧은 시간 내에 자신에게 필요한 정보를 찾고, 그것을 활용할 수 있어야 하기 때문이다.

훑어 읽기는 이렇듯 넘쳐나는 정보 가운데 적절한 정보를 찾고자 할 때 매우 유용한 방식으로, 어른 아이 할 것 없이 활용할 수 있다. 신문이나 잡지를 볼 때는 단순 훑어 읽기가, 보고서를 작성하기 위해 참고서나 백과사전을 읽을 때는 목적 훑어 읽기가 적당하다.

정보를 얻는다는 것은 단순히 새로운 정보를 습득한다는 것을 뜻하지 않는다. 자신의 지식 체계 속에서 정보를 재구성한다는 것을 말한다. 훑어 읽기는 이 과정에서 매우 유용하게 활용될 수 있다.

〈훑어 읽기를 위한 지침〉

① 알고 싶은 것의 종류와 범위를 확실하게 정한다.
② 정보의 근원이 되는 도서를 정확히 알아낸다.
③ 제목을 보며 무엇에 관한 책인가 생각한다.
④ 머리말의 서두를 읽어 내용을 짐작한다.
⑤ 차례를 보고 책의 구성에 대해 알아본다.
⑥ 책장을 넘기며 탐색하듯 읽어본다.
⑦ 글보다 그림이나 도표를 자세히 읽어본다.
⑧ 두세 가지 다른 정보가 있을 때는 다른 책을 찾아보고

정보의 선택 여부를 결정한다.
⑨ 여러 정보 중에서 적절한 것만 선택하여 새로운 정보로
받아들인다.
⑩ 결론 부분도 서론 부분과 마찬가지로 자세히 읽는다.

〈효과적으로 요점을 잡아내는 방법〉

① 의미있는 핵심단어를 찾아내야 한다.
② 문단의 처음과 끝부분을 주의 깊게 읽는다.
③ 자신의 생각과 결론을 비교한다.

2) 관계 지어 읽기

관계 지어 읽기란 글에 나타난 생각이나 주요 개념들의 의미 관계를 따져 가며 읽는 방법이다. 의미 관계를 따져가며 읽는 다는 것은 선형(linear)의 글을 비선형(nonlinear)의 입체적 표상으로 시각화 하는 것이다. 미국의 인지 심리학자 낸시(Nancy, 2002)는, 인간의 기억 속에 저장된 정보는 문장이 계속적으로 이어지는 것과 같이 왼쪽에서 오른쪽에 이르는 선형적인 형태로 조직되어 있는 것이 아니라, 여러 정보들이 서로 얽혀있는 그물망 형태를 띠고 있음을 밝혀냈다(Cullinan, 1994).

관계 지어 읽기는 예시, 특성, 정의, 유사, 비교, 순서, 인과 관계 등을 따져 보며 읽는 방식이다.

〈관계 지어 읽기의 지침〉

① A는 B와 동일한 예다.
② A에는 a, b, c가 있다.
③ A는 B의 특성이다.
④ A는 B다.
⑤ A는 B와 닮았다.
⑥ A는 B보다 크다.

⑦ A는 B전에 발생했다.
⑧ A가 B를 야기했다.

3) 구조화 하기

생각에는 구조가 있다. 따라서 글의 의미를 파악한다는 것은 생각의 구조를 이해하는 것이다. 줄거리 읽기가 내용을 시각화 하는 일이라면 줄거리의 구조를 파악하는 것은 내용을 공간화 하는 일이다.

지식 정보책은 구조화를 통해 더 잘 이해될 수 있다. 교과 관련 도서의 지식 체계는 크게 망구조(network structure), 연계구조(chain structure), 위계구조(hierarchical structure)의 세 가지로 되어 있다. 책을 읽을 때, 이런 글의 구조를 공간화하여 이해할 수 있다면 복잡하고 어려운 글이라도 보다 총체적으로, 그리고 쉽고 정확하게 이해할 수 있다.

〈구조화를 위한 지침〉

① 망구조의 시각화

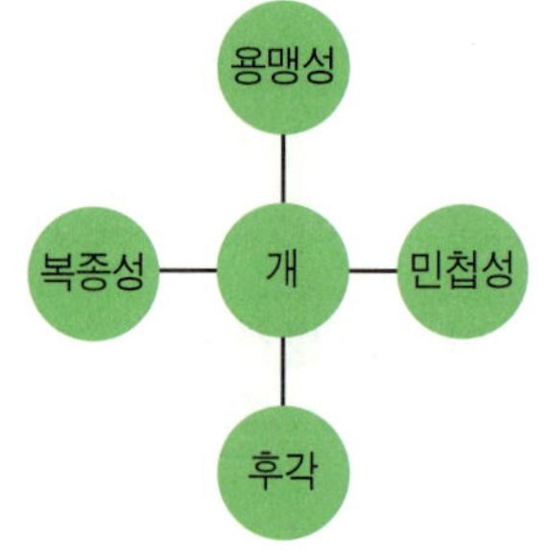

② 연계구조의 시각화

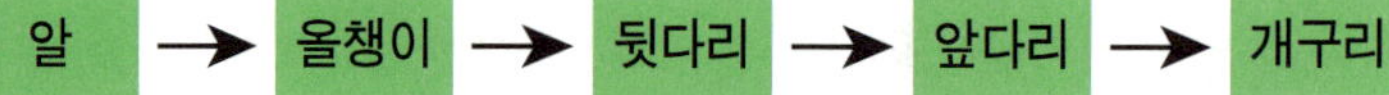

③ 위계구조의 시각화

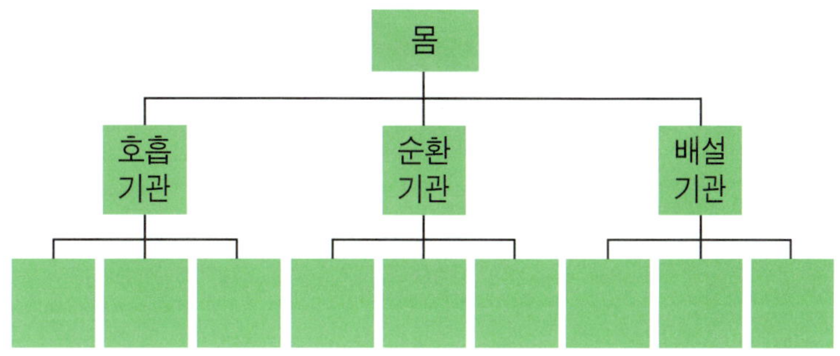

3. KWL

아동이 정보를 시각적으로 범주화 시켜 효과적으로 배울
수 있게 하는 방법 가운데 하나는 도표를 활용하는 것이다.
정보책을 읽을 때 활용할 수 있는 가장 좋은 조직표 가운데
하나는 KWL 차트이다(Nancy, 2002). K-W-L 전략은 K-
What We Know(알고 있는 것); W-What We Want to
Know(알고 싶은 것); L-What We Have Learned(알게 된 것)
을 시각적으로 표현하는 것으로, 아동이 자신이 배운 것을
평가하고 결론지을 수 있도록 하는 전략이다(Headly &
Dunston, 2000).

K-W-L 전략은 아동이 정보책에 들어있는 정보와 자신이
이미 가지고 있는 정보를 서로 관계지어 스스로 해답을 찾
을 수 있도록 도와준다(조은정, 2002; Carr & Ogle, 1987).
헤들리와 던스턴(2000)은 정보책을 활용한 K-W-L 교수방식

을 소개하였는데, 다음의 표는 그 예시이다.

알고 있는 것	알고 싶은 것	알게 된 것

4. 평가

평가의 의미는 평가를 통해 아동에게 부족한 점과 뛰어난 점을 파악할 수 있고, 그것을 토대로 아동의 발전을 촉진하는 방향으로 교육 방식을 결정할 수 있다는 데 있다(Kathy & Jean, 2003). 평가는 교육 과정에서 반드시 필요한 부분으로, 교재를 비롯한 교육 방식 등을 선택하고 결정하는 데 중요한 기준을 제공해준다. 따라서 체계적이고 독립적인 평가 방식을 도입하여 학생의 능력을 적절하게 평가할 수 있어야 한다.

교사나 학생에 대한 평가 모두 새롭게 배우게 된 것과 이미 성취한 것을 기록한다. 학생들은 평가 기준을 통해 보다 효율적인 학습방법을 배울 수도 있다. 효과적인 평가는 학생들의 문식성 발달을 돕고 학업 성취를 촉진시킬 수 있는 방법을 계획해보고 배울 수 있게 해준다. 뿐만 아니라 학교의 교육 방식에 대한 정보를 알 수 있게 해준다.

1) 효과적인 평가 방법

(1) 관찰

관찰은 아동이 활동에 참여하는 것을 관찰하거나, 그 활동의 결과물을 보는 과정이다. 관찰시 교사는 체크리스트를 이용하여 관찰한 것을 조직화하고, 시간의 흐름에 따른 아동의 행동 변화를 비교해봄으로써, 이후 교육을 계획하는 데 반영할 수 있다.

아동을 관찰하는 또 다른 방법은 일화 기록을 이용하는 방법이다. 일화 기록은 아동을 전체적으로 조명할 수 있는 방법으로, 아동의 행동 유형과 활동 목표를 알 수 있다. 뿐만 아니라 이후에 다시 발생할 가능성이 있는 사실들을 기록할 수 있다. 그러나 무엇보다도 아동의 발전 과정을 기록하는 것으로, 교사는 아동의 행동을 다양한 관점에서 보고 수용할 수 있어야 한다.

관찰할 때 활용할 수 있는 질문

- 아동이 이미 알고 있는 것은 무엇인가?
- 아동은 어떤 능력을 가지고 있는가?
- 읽기, 쓰기, 말하기, 듣기와 관련하여 아동이 알고 있는 것은 무엇인가?
- 아동은 어떻게 문제에 접근하고 해결하는가?
- 아동은 어떤 계획과 구성의 과정을 거쳐 과제를 완성하는가?
- 아동은 혼자서나 혹은 다른 아동과 상호작용하는 과정에서 무엇을 알게 되었는가?

(2) 재화하기

텍스트를 얼마나 깊이 있고 폭넓게 이해했는가를 볼 수 있는 효과적인 평가 가운데 하나는 내용을 다시 말해보게 하는 방법이다. 이 방법은 책을 읽은 후 이해의 증거를 모으는 방법으로 널리 사용되고 있다.

책을 읽은 후 아동은 자신의 언어로 읽은 것을 말하고 교사는 그것을 기록한다. 교사는 책을 읽은 아동이 이야기한 내용을 기록하여, 중심 생각과 세부사항, 연속성, 그리고 텍스트에 대한 전체적인 이해 정도를 평가한다.

교사는 다음과 같은 질문으로 아동의 재화를 도와줄 수 있다.

- 그것에 관해 좀 더 이야기 해 주겠니?
- 네가 말한 것은 무엇에 관한 내용이니?
- ~에 관해 네가 설명한 것을 좀 더 말해 주겠니?
- ~에 관한 것을 좀 더 기억할 수 있겠니?

(3) 인터뷰

아동과의 인터뷰는 아동이 스스로 배운 것에 대해 말할 기회를 주는 것으로, 교사는 인터뷰를 통해 그들이 무엇을 어떻게 배웠는지에 대해 알 수 있다. 학습에 대한 아동의 생각을 들어봄으로써 교사는 물론 아동역시 가르침과 배움의 과정에 더 집중할 수 있다. 교사는 인터뷰한 내용을 일화기록지나 관찰일지에 기록할 수 있다.

인터뷰 과정에서 활용할 수 있는 질문

- 네가 정보책을 읽었을 때 무슨 생각을 했는지 말해줄 수 있겠니?
- 네가 읽은 것을 이해하고 기억하려고 할 때 도움을 준 것은 어떤 것이 있었니? 더 쉽게 이해하고 기억할 수 있는 방법이 있을까?

- 이해가 잘 안되는 부분은 어떻게 하니?
- 사회, 과학, 수학과 같은 과목에서 더 잘 읽고 쓸 수 있는 방법은 뭐가 있을까?
- 학교 숙제를 하기 위해 인터넷을 사용하니? 어떻게 사용하니?

(4) 자기 평가

평가 과정에서 빼놓을 수 없는 것이 아동 스스로 자신의 학습을 평가하는 것이다. 학교 교육이 지향하는 궁극적인 목표가 독립적이고 유능한 학습자를 배출하는 것이라면, 학습자로서의 아동이 자신의 학습 능력과 잠재력을 평가하는 기회를 갖는다는 것은 매우 의미있는 일이다. 자기 평가는 아동에게 일종의 자기 격려와 같은 발판을 제공해줄 수 있기 때문이다.

자기 평가를 위한 질문

- 잘한 부분은 무엇인가?
- 하면서 어떤 어려움을 겪었는가?
- 읽고 쓰는 동안 어떤 기술이나 전략을 사용했는가?
- 어떤 전략이 효과적이었는가?
- 새롭게 배우거나 점검해볼 필요가 있는 전략은 무엇인가?

(5) 생각의 표현

아동이 정보책을 읽으면서 어떻게 저자의 설명을 받아들이고 자신의 것으로 소화했는지에 대한 정보를 모으는 방법이다. 이 방법은 아동이 텍스트를 읽고 이해하면서 자신의 생각을 언어로 나타내는 방법이다.

- 이미 알고 있는 것은 무엇인가?
- 저자가 큰 글씨체를 사용한 부분은 어디이며, 왜 그랬을까?
- 저자는 설명을 돕기 위해 어떤 방법을 사용했는가?
- 어디에서 그 용어의 의미를 알 수 있었는가?
- 읽으면서 사용한 특별한 전략은 무엇인가?

⑹ 성과물과 수행 분석

읽기 후의 성과물을 통해 아동의 전반적인 수행 과정을 엿볼 수 있다. 여기에는 계획, 연구 보고, 글쓰기는 물론 수학 학습일지 등이 포함될 수 있다.

교사는 성과물을 수집하고 분석함으로써 학습의 결과로 발생하는 활동 결과물 뿐만 아니라, 아동의 발전과정과 성장에 주목할 수 있으며, 이를 토대로 향후 교육을 계획할 수 있다.

2) 평가 형식의 예

〈소리내어 읽기 평가하기〉

소리내어 읽기 프로그램의 효용성과 흥미 정도를 파악하기 위해 교사 스스로 다음과 같은 질문을 던져볼 수 있다.

① 아동이 소리 내어 읽기를 활동으로 선택하였는가?
② 아동은 청자로서 흥미를 보였는가?
③ 아동이 소리내어 읽을 때, 훌륭한 소리내어 읽기 기술을 반영해서 읽었는가?
④ 아동이 소리내어 읽을 책을 선택하는 과정에서 논의 및 상호작용에 참여하였는가?
⑤ 아동이 소리내어 읽어준 책을 다시 읽고 싶어했는가?
⑥ 아동이 소리내어 읽을 책을 추천하는 것에 적극적인 관심을 보였는가?

⑦ 아동이 스스로 소리내어 읽으려고 했는가?

이 목록에서 소리내어 읽기에 얼마나 많은 아동이 참여했
는지 확인할 필요가 있다.
아동은 소리내어 읽기 수업이 끝나면 다음의 소리내어 읽
기 평가표를 작성한다.

소리내어 읽기 평가표

학생 이름 :

날짜 :

제목 :

작가 :

내가 가장 재미있어 했던 부분

내가 가장 재미없어 했던 부분

나는 이 책에 _______________점을 줄 것이다.

5	4	3	2	1
매우 재미있었다		보통이다		재미가 없었다

조은정(2002), 유아를 위한 정보책의 인식과 활용실태, 유치원·어린이집 교사를 대상으로 성균
관대학교 석사학위 논문.

Corr, E. & Ogle, D.(1987), K-W-L plus: A strategy for Comprehension and Summarization,
Journal of reading, 30, 826-831.

Cullinan, B. E.(1994), 최진(역), 독서왕이 성공한다, 프레스빌.

Headly, K. N. & Dunston, P. J.(2000), Teachers' Choice books and Comprehension Strategies
as Transaction tools, The Reading Teacher.

Kathy, P. & Jean, M.(2003), Making Nonfiction and other Informational texts Come alive,
Pearson.

Martinez, M. & Teale, W. H.(1988), Reading in a kindergarten Classroom Library, The Reading
Teacher, 44.

Nancy, A. A.(2002), Elementary children's literature, The Basics for teachers and parents, Allyn
and Bacon.

Topping, K.(1987), Paired Reading: A powerful Technique for parent use, The Reading Teacher,
40.

Wells, G.(1986), The Mean Maker: Children Learning Language and Using Language to Learn,
Heinemann.

IV. 선정된 지도책 서평

길을 잃었어요

1. 서지사항

제 목 : 길을 잃었어요(La Grande Ourse)
글 · 그림 : 자크 뒤케누아(Jacques Duquennoy)
옮 김 : 조용희
출판사 : 작은책방(2002년)
　　　　/ Edition Albin Michel Jeunesse(2000년)
ISBN : 89-89773-11-3

2. 작가소개

　　자크 뒤케누아는 1953년 프랑스 솜므에서 태어났다. 파리 1대학의 미술학부를 졸업한 후 교사와 교재 판매업에 종사했으며, 1982년 마술새라는 아틀리에를 열었다. 그후 학교 배부용 동화(텍스트와 그림) 슬라이드 37개를 출간했으며, 만화책, 퍼즐, 아동용 놀이감들을 제작했고 학교 벽화, 광고, 인쇄물과 관련된 일을 해왔다. 현재 그는 프랑스 아미엥 지방의 한 초등학교에서 교사로 일하고 있으며, 그림동화작가로 활동 중이다. 그의 작품으로는 『네스를 찾아 떠난 꼬마 유령들』, 『꼬마 유령들의 저녁식사』, 『기차와 배와 비행기, 우리는 친구』, 『뱃사람이 된 망쇼와 펭귄』, 『사자와 할아버지』, 『내 친구 마술새』, 『떠도는 빙산』 등이 있다.

3. 작품소개

수영을 잘하는 날쌘돌이와 잠수를 잘하는 잠수돌이가 북극으로 향하던 중 길을 잃고 만다. 그들은 서로 자신들의 방향이 옳다고 주장하다가 배에서 내려 길을 물어보기로 한다. 그러나 또다시 길을 잃게 되고 엄마 곰을 잃고 떨고 있는 작은 곰을 만나게 된다. 그러면서 이 두 펭귄은 자신들의 걱정은 잊어버리고 작은 곰을 도와주게 된다. 그러나 이번에는 자신들의 도움으로 찾게 된 엄마 곰이 그들에게 도움을 준다. 엄마 곰은 이 두 친구를 등에 태우고 별을 보면서 길찾는 법을 가르쳐준다. 큰 곰이 알려준 큰 곰자리와 작은 곰자리, 그리고 작은 곰자리 중에서도 가장 빛나는 북극성을 찾게된 두 펭귄은 친구들이 있는 배로 가서 자신들이 올바른 길로 가고 있음을 알려준다.

4. 선정근거

나침반이 없던 시절에는 북두칠성이나 북극성을 보고 방향을 알아냈다. 별자리를 통해 방향을 알아낸다는 것은 맑은 날 밤에만 가능하다는 한계에도 불구하고 변함없이 방향인식의 중요한 지표로 고려되어 왔다. 이 책은 정보책은 아니지만 방향 찾기와 별자리 사이의 관계를 정확하게 제시해주고 있다.

이 책은 저자가 미술을 전공한 초등학교 교사이며, 교재와 관련된 일을 해왔다는 점을 책 곳곳에서 확인할 수 있는 책이다. 바다 여행을 떠나는 펭귄과 겨울 잠을 자기 위해 굴 속으로 들어가는 곰의 대비되는 설정과, 엄마 곰과 아기곰 이라는 등장인물과 큰 곰과 작은 곰이라는 별자리로 이어지는 설정, 그리고 자신의 걱정일랑 잊어버리고 아기 곰을 도움으로써 길을 찾게 되는 펭귄의 모습, 길이나 별이 갖는 상징적인 의미 등은 이 책을 단연 돋보이게 한다. 다시 말해 이 책은 저자가 마지막에 분명하게 언급한 대로 '큰곰자리와 작은곰자리는 이렇게 밤중에 길을 잃은 항해사들에게 길을 가리켜준다' 는 정보이외에도 다각적인 방식으로 읽을 수 있는 책이다. 펭귄의 여정에서 보듯 이웃에 대한 사랑이야말로 곧 항해에 비유되는 인생의 길을 밝혀줄 별을 찾게 해주는 지름길이라는 점을 작가가 말하고자 한 것은 아닌가 하는 의문이 들기 때문이다. 아기 곰보다는 두 마리의 펭귄을 등에 태우고 가는 엄마 곰의 모습과 이들이 모두 눈 밭에 눕거나 엎드린 채 엄마 곰에 의지하여 별을 감상하는 모습 등이 펭귄이 찾고 있는 길이 비단 북극으로 가는 길만이 아니리라는 생각을 내내 불러일으킨다.

※ 참고 : 책의 원제목은 '큰 곰' 이나, 우리말로 옮기면서 '길을 잃었어요' 로 바뀌었다.

새들은 어떻게 길을 찾을까

1. 서지사항

제 목 : 새들은 어떻게 길을 찾을까
　　　　(How do birds find their way)
글 : 로마 간스(Roma Gans)
그 림 : 폴 미로차(Paul Mirocha)
옮 김 : 햇살과 나무꾼
출판사 : 웅진씽크빅(2001년) / HaperCollins(1996년)
ISBN : 89-01-03365-8

2. 작가소개

　로마 간스는 유아 교육 전문가이자 〈Let's-Read-and-Find-out-Science-Book〉 시리즈 공동 기획자이며 편집자이다. 이 시리즈는 아이들이 스스로 과학적 기초를 탐구할 수 있도록 기획된 과학 동화이다. 그가 쓴 책으로는 『암석찾아 나서기』, 『밤에 활동하는 새들』, 『위험한 빙산』, 『새들은 언제 깃털을 갈아입나』, 『체험을 통한 아동 독서 안내』, 『동굴』, 『매장된 보물, 석유』, 『초보 교사를 위한 책』, 『읽는 즐거움(Parent-Teacher Series)』, 『새와 먹이』, 『공룡과 당신이 함께 마시는 물』, 『벌새』, 『발음에 얽힌 사실과 허구』, 『빙산』,

『읽기 지도의 상식』, 『돌의 신비』, 『새들의 노래』가 있다. 이렇듯 그는 과학 지식 정보책 뿐만 아니라, 아동 독서 교육은 물론 부모 및 교사 교육에도 상당한 조예가 있다.

3. 작품소개

많은 새들이 해마다 겨울 보금자리와 여름 보금자리를 찾아 여행을 떠난다. 그러한 새 가운데는 며칠 만에 여행을 끝내는 새도 있지만 수천 킬로미터씩 날아가는 새들도 있다. 이 책은 그 새들이 매년 자신들이 가야할 길을 어떻게 찾게 되는지 신비스런 사실들을 보여주고 있다. 새들이 쉬지 않고 한 번에 이동하는 거리는 물론 새들의 이동 경로와 새들의 방향 인식 방법 등을 쉽게 알 수 있다. 뿐만 아니라 저자는 이 같은 내용을 조류학자들의 노력을 길잡이로 삼아 풀어나감으로써 이 책을 읽는 독자들이 학자들의 문제 해결 과정을 따라가보면서 자신들의 호기심을 풀 수 있는 방법을 스스로 모색해보록 권유하고 있다.

4. 선정근거

지도는 길을 찾는 이에게 매우 유용한 것이다. 그러나 현재의 위치에서 목적지까지 쉽게 가기 위해서는 지도를 정확히 볼 줄 알아야 한다. 이 때 필요한 것이 바로 정확한 방향 감각이다. 『새들은 어떻게 길을 찾을까』는 바로 그 점에서 권장할 만한 책이다. 철새가 이동하는 과정에서 어떻게 방향을 찾아가는지 그 방법을 잘 보여주고 있을 뿐만 아니라,

그 방법이 방향을 찾는 데 소용되는 매우 보편적인 방법이기 때문이다.

저자는 유아 교육 전문가이자 과학도서의 기획자로서 새들의 겨울나기에 대한 사실을 매우 설득력 있게 제시하고 있다. 옛 선인들의 견해에서부터 조류학자들의 노력에 이르기까지 과학적 사실을 발견하기 위한 인류의 노력을 더듬어 볼 수 있게 함으로써, 이 책의 잠재적 독자인 아동이 문제해결력을 기르는 데 긍정적인 도움을 주고 있다. 또 그림 역시 어디든 날아다닐 수 있는 새들처럼 다양한 위치에서 새들의 모습을 조망함으로써 전달되는 내용에 매력을 더해준다. 그런가하면 지도를 통해 새들의 이동 경로를 한 눈에 알 수 있도록 했다. 그리고 경우에 따라서는 비행기와 비교해봄으로써 관련 영역으로 확장해볼 수 있는 단서를 제공해주기도 한다. 그러므로 독자들은 이 책을 통해 단순히 새들의 이동 경로와 방식 등과 관련된 정보만을 얻게 되지 않는다. '여러분 가운데서도 그런 조류학자가 나올지 모르겠다' 는 언급에서 알 수 있듯, 저자는 독자에게 이 책을 토대로 지속적인 탐구를 촉구하고 있다.

나침반 - 북쪽을 가리키는 길잡이 자석

1. 서지사항

제 목 : 나침반(La Boussole, Le Nord et L'Aimant)
글 : 올리비에 소즈로(Olivier Sauzereau)
그 림 : 세르쥬 세카렐리(Serge Ceccarelli)
옮 김 : 길미향
출판사 : 길벗어린이(2005년) / Actes Sud Junior(2004년)
ISBN : 89-5582-034-8

2. 작가소개

올리비에 소즈로는 프랑스의 서부, 낭트 시에서 태어나 지금도 그 곳에 살고 있다. 19세기에 세워진 천체 관측소에서 해와 달, 별, 그리고 인공위성을 관찰하며 자연 현상의 변화를 살피는 관측원으로 일하고 있다. 천체 사진 작가이기도 한 그는 정기적으로 천체 사진전을 열고 있다. 시청각 공연 연출가로도 활동하며 '깨달음과 유산' 협회와 공동으로 천문학 유산 수업용 교육 프로그램을 만든 바 있다. 그리고 1997년에는 프랑스 예술가들의 살롱전에서 은메달을 수상하기도 했다.

3. 작품 소개

　나침반은 일상생활에 사용될 수 있는 도구이자, 과학 원리가 담겨있는 도구이다. 이 책은 나침반이 언제, 어떻게 만들어졌으며, 어떤 원리로 항상 북쪽을 가리킬 수 있는지 자세하게 보여주고 있다.

　나침반이 없던 시절에는 북극성이나 북두칠성을 보고 방향을 알아냈다. 그러나 그 방법은 별이 뜨지 않는 낮이나 흐린 밤에는 소용이 없었다. 나침반을 만들 수 있게 된 것은 먼 옛날 사람들이 자석을 발견했기 때문이다. 그러나 처음에는 자철석이 쇠를 끌어당기는 역할을 한다는 사실을 신기하게 여겼을 뿐 방향을 가리킨다는 사실은 미처 깨닫지 못했다. 그러나 11세기에 들어서면서 여러 나라에서 나침반에 대해 본격적으로 생각하기 시작했고 12세기 초에서 13세기에 이르러 지중해와 아랍, 유럽에서 나침반이 등장하게 된다. 그리고 15세기에 정식으로 항해도구로 사용되기 시작했다.

　나침반의 바늘이 언제나 북쪽이라는 한 방향을 가리킬 수 있는 것은 나침반의 바늘이 자석의 성질을 가지고 있기 때문이다. 다시 말해 지구는 하나의 거대한 자석으로서, 그 주변에는 자기장이 형성되어 있고, 바로 이 자기장을 따라서 자석들은 언제 어느 곳에서나 지구의 극을 향해서 놓이기 때문에 나침반을 보면서 방향을 알 수 있다는 것이다.

4. 선정근거

　우선 이 책의 저자는 천문 관측소의 관측원이자, 천체 사진 작가이며, 천문학 관련 교육 프로그램을 만든 경험이 있는 사람으로서, 자칫 딱딱하거나 어렵게 느껴질 수 있는 나침반의 과학적 원리와 발전 과정을 순차적으로 소개하고 있다. 또 귀엽고 친근감 있는 그림과 생생한 사진들이 다소 어렵게 느껴지는 내용을 잘 보완해주고 있다. 특히 천체 사진가로 활동하고 있는 글 작가가 직접 찍은 나침반 사진들은 나침반의 변천사를 한 눈에 확인해볼 수 있게 해준다. 뿐만 아니라 본문에 소개되는 특수 용어를 캡션으로 처리하거나, 연표를 통해 나침반과 북쪽, 자석에 대해 연구한 학자들을 시대순으로 보여줌으로써 독자들이 나침반과 관련된 정보를 다각적인 방법으로 접할 수 있게 해주었다.

이외에도 하나의 도구가 시간이 흐르면서 좀더 편리하고 정확한 도구로 발전해가는 과정을 볼 수 있는 장점이 있다. 독자들은 초기의 나침반인 칼라미트에서 건조 나침반이 등장하기까지, 단계마다 문제점을 해결하기 위해 밟게 된 구체적인 과정을 보게 됨으로써 논리적인 사고와 문제 해결력을 기를 수 있다.

지도

1. 서지사항

제 목 : 지도(Maps and Mapping)
글 · 그림 : 데버러 챈슬러(Deborah Chancellor)
옮 김 : 이충호
출판사 : 럭스키즈(2005년) / Kingfisher(2004년)
ISBN : 89-89822-56-4

2. 작가소개

　작가의 소개는 책 안에서 찾아 볼 수 없지만 이 책은 영국의 백과사전 출판사인 킹피셔(Kingfisher)가 출간한 〈Kingfisher Young Knowledge〉 시리즈의 한국어판이다. 이 시리즈는 각 분야의 전문가들이 집필하였으며, 한국어판의 경우 그 분양의 전문가가 번역하여 정확성을 기했다.

　옮긴이인 이충호는 서울대학교 사범대학 화학과를 졸업하고, 영문학을 부전공으로 이수했으며 과학 전문 번역가로 활동하고 있다. 2001년 '우수 과학도서 번역상', 제20회 '한국과학기술도서 번역상' 을 수상했다.

3. 작품소개

　　이 책은 차례에서 알 수 있듯이 지도에 대한 정보를 그 개념에서부터 활동까지 체계적으로 보여주고 있다. 먼저 지도를 통해 알려줄 수 있는 정보와 보다 쉽게 지도를 읽을 수 있는 법을 설명한다. 그리고 아동의 실생활과 연결시켜 축척이 다른 지도를 비교해 볼 수 있고 도시에 사는 아동이라면 낯설지 않은 지하철 노선도와 같은 여러가지 유형의 지도를 제시한다. 지도가 어떻게 만들어져왔고 그 기술은 어떻게 발달해왔는 지를 보여준다. 그리고 일반도 이외에 해도, 일기도, 별자리 지도와 같은 다양한 주제도를 소개한다. 이외에도 나침반과 지도를 직접 만들어 볼 수 있는 활동을 소개하고 있다.

4. 선정근거

　　이 책은 작가의 소개를 찾아볼 수 없고 옮긴이 이충호 역시 과학도서의 번역가로 활동하고 있지만 화학을 공부한 사람으로 작가의 권위를 직접적으로 확인할 수는 없다. 그러나 킹피셔 출판사는 권위 있는 출판사이고 책의 카피라잇 부분에 책에 실은 사진의 출처를 모두 밝히고 있어 나름대로 신뢰할 만하다. 정확성의 경우, 책에 나오는 전문 용어를 각주로 설명하고 찾아보기를 통해 다시 정리해주고 있다. 이 책은 지도에 대해 처음 접하는 아동에게 지도에 대한 전반적인 지식을 너무 깊지 않으면서도 다양하게 소개하고 있어, 읽는 데 어려움이 없고 지도에 대해 더 많은 정보를 찾아보도록 하였다. 그리고 문화적 차이를 고려하여 거리 단위로 마일과 킬로미터를 함께 표시하고 있다. 마지막으로 각 장의 제목과 본문의 글씨를 알아보기 쉽게 편집하였고 페이지마다 쪽수를 표시하고 있어 쪽수 안내에 따라 앞뒤의 내용을 참조할 수 있게 하였다. 그리고 사진을 사용하여 현실에서 경험할 수 있는 지도에 관한 정보를 생생하게 제공한다.

초롱이와 함께 지도 만들기

1. 서지사항

제 목 : 초롱이와 함께 지도 만들기(Mapping penny's world)
글 · 그림 : 로렌 리디(Loreen Leedy)
옮 김 : 박상용
출판사 : 미래 M&B(2004년) / Owlet(2000년)
ISBN : 89-8394-267-3

2. 작가소개

　1959년 미국 델라웨어 주의 윌밍턴에서 태어났고 미술을 공부했다. 첫 번째 작품은 시로 쓰여진 수세기 책으로 『용의 수』이다. 그 후 30여 권이 넘는 어린이 책에 글을 쓰고, 직접 그림을 그렸다. 저자의 책들은 모두 간단하면서도 재미와 교육적인 내용을 함께 담고 있다는 평을 받는다. 수학, 과학, 인성, 생태 등 다양한 주제에 걸쳐 지식 그림책을 펴낸 그녀는, 1987년 '페어런트 초이스 어워드 상'을 받았고, 1989년 에서는 뛰어난 화가에게 주는 '에즈라 잭 키즈 상'을 받았다.

3. 작품소개

미나는 수업 시간에 지도 그리는 법을 배운다. 지도에는 축척과 기호, 보기와 이름 등이 들어가야 한다는 것을 알게 된 미나는 자기 방을 지도로 그려 보기로 하고, 줄자로 침대와 어항, 서랍장을 재고, 각각의 실제 길이를 1/20으로 줄여서 지도를 그려 본다. 재미를 느낀 미나는 이번에는 보물 지도를 만들기로 하고 초롱이가 집안 구석구석에 숨겨 놓은 뼈다귀, 양말, 장난감에 대한 정보를 기록한 지도를 만든다. 그리고 거기서 나아가 봄봄이에게 자기 집에 오는 길을 알려주고 동네를 지도로 그려본다. 또 공원에서 초롱이와 함께 산책하던 길과 초롱이가 좋아하는 장소도 지도로 만든다. 초롱이는 이렇게 하나 둘 씩 지도를 만들어보면서, 자신이 세계 각지에서 할 일들을 적어본다.

4. 선정근거

이 책을 통해 어린이들은 지도에 들어가는 축척과 기호, 보기, 이름이 무엇인지 알 수 있다. 특히 축적개념을 자연스럽게 이해하도록 구성되어 있는데, 예를 들어 10~11쪽 미나의 방 그림을 보면, 축적 표시의 전체 길이가 3cm인데 60cm로 표시되어 있다. 이것은 실제 길이 60cm를 3cm로 그렸다는 뜻으로, 축척이 1 : 20이 됨을 말한다. 이렇게 자를 이용하여 책에 나온 여러 사물의 크기를 재어 본 다음 주변 사물과 비교해 볼 수도 있고, 실제 사물의 크기를 작은 비율로 축소해서 그려보는 활동 등을 통해 지도 그리는 법을 익힐 수 있다. 또한 여러 종류의 지도를 접할 수 있고, 책을 다 읽은 후에는 책을 통해 이해한 것을 활용하여 나만의 지도를 직접 그려볼 수 있다.

이 책은 Digital Painting, 사진 꼴라쥬 기법을 활용해 전체적인 구성이 잘 정돈되어 있다는 인상을 준다. 복잡한 사물들과 풍경을 간략하게 표현함으로써 혼돈을 줄이고 쉽게 설명해주는 장점을 갖게 되었다.

작가는 수학, 과학, 사회와 관련된 논픽션 그림책을 많이 창작하였고, 옮긴이는 지리교육과를 졸업하고 오랜 기간 지리교사로 재직 중에 있어서 신뢰감을 준다.

뿐만 아니라 주인공의 방에서 시작하여 보다 넓은 세계로 확장해 가는 방식과 그리고 강아지 초롱이와 함께 하는 접근 방식이 흥미롭다.

수수께끼 생일 편지

1. 서지사항

제 목 : 수수께끼 생일 편지(The secret birthday message)
글 · 그림 : 에릭 칼(Eric Carle)
옮 김 : 이기경
출판사 : 더큰컴퍼니(2006년) / HarperTrophy(1986년)
ISBN : 89-91563-43-0

2. 작가소개

　작가는 뉴욕에서 태어나 여섯 살때 독일로 이사했다. 그래픽 디자인을 공부했고, 청년기에 뉴욕으로 돌아가 상업 미술 분야에서 일하던 중 어린이책 세계를 발견했다. 1968년에 첫 번째 그림책 『1, 2, 3 동물원』을 만들었고, 이후로 70여권의 책을 쓰고 그렸다. 그 가운데 『배고픈 애벌레』는 30개 국어로 번역되어 전 세계에서 모두 2,000만 권이 팔리기도 하였다. 또한 '로라 잉걸스 와일더 상', '볼로냐 아동 도서전 그래픽 상' 과 같은 세계적으로 권위 있는 상들을 수상하였다.

　옮긴이 이기경은 이화여자대학교 정치외교학과를 졸업하

고 어린이책을 만들어 왔다. 지금까지 번역한 책으로는 『할머니의 시계』, 『모모의 냄새나는 스웨터』, 『호랑이가 입을 쫙 벌릴까』 등이 있다.

3. 작품소개

팀의 생일날 생일선물 대신 편지를 받는 것으로 이야기가 시작된다. 알쏭달쏭 이상한 기호들로 가득 차있는 편지는 생일선물에 대한 단서를 제공해준다. 팀은 기호들이 무엇을 말하는지 확인하며 길을 찾아가게 되는데, 편지에서 나타난 기호를 따라 간 곳에는 생일 선물이 놓여 있다. 생일 선물을 찾고 난 뒤, 독자는 팀과 함께 생일 선물을 찾아 지나왔던 길을 간단한 지도로 확인해 볼 수 있다.

4. 선정근거

아이들은 수수께끼를 좋아한다. 생일편지 한 장에 담긴 알 수 없는 수수께끼들이 아주 단순한 모양으로 되어 있어 기호를 이해하는 데 첫 걸음이 되는 책이라고 할 수 있다. 기호는 사물의 특징을 잡아 단순화하는 데 있다. 또한 그 모양이나 색깔을 보면 대부분의 사람들이 그것이 무엇인지 이해할 수 있다는 데 그 특징이 있다. 물론 이 책에 나온 단서들이 모두 기호는 아니다. 또 누구나 보고 이해할 수 있는 것도 아니다. 이러한 아쉬운 점이 있음에도 불구하고 아이들은 이 책을 보며 하나의 사물을 단순화 시킨 기호로 나타낼 수 있다는 것을 알게 된다.

또 마지막 부분에 팀이 지나온 길을 지도로 표시해 주고 있어 우리가 사는 곳이나 우리가 지나온 길을 지도에 표시할 수 있다는 것을 알려주고 있다.

이 책을 읽고 난 뒤, 집 어딘가에 인형을 숨겨놓고 기호로 표시하여 찾아보게 할 수도 있고, 그것을 찾아가는 길을 지도로 그려 볼 수도 있다. 또 더 나아가 유치원이나 학교를 찾아가는 길을 표시한다든가 하는 활동도 가능하다.

이 책을 통해 아이들은 기호나 지도의 개념이 어려운 것이 아니라 놀이를 통해 익힐 수 있는 재미있는 활동으로 인식할 수 있다.

세상에 단 하나뿐인 지도

1. 서지사항

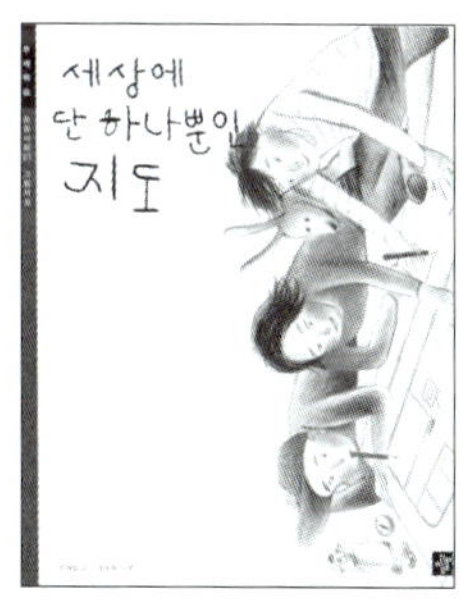

제 목 : 세상에 단 하나뿐인 지도
글 : 김재일
그 림 : 강소희
출판사 : 디딤돌(2006년)
ISBN : 89-5851-425-6

2. 작가소개

글작가 김재일은 대구교육대학교 초등사회교육과를 졸업하고 초등학교에서 6년 동안 어린이들을 가르쳤다. 또 한국교육학술정보원에서 운영하는 에듀넷에서 초등 사회(지리) 담당 사이버 교사로도 활동하였다. 지금은 서울대학교 지리교육과 박사과정에 재학 중이다.

그림작가 강소희는 1977년 춘천에서 태어나 홍익대학교 시각디자인학과를 졸업하였고, 그녀가 그린 그림으로 건물을 도배하고 싶다는 꿈을 가지고 있는 일러스트레이터다. 그녀가 그린 그림책으로는 『귀찮아』, 『한눈이 퉁눈이』 등이 있다.

3. 작품소개

  이 책은 그림지도와 일반지도의 차이점을 이해하고, 세상에 하나뿐인 그림지도를 그리는 방법을 알려주는 정보책이다. 사진과 일반지도와 그림지도를 다양하게 보여 주면서 그림지도는 무엇이며, 그림 지도를 그릴 때 어떠한 요소들이 필요한지 알려준다. 또한 방위, 기호, 색깔이 가진 특징은 어떠한 것들이 있으며, 어떻게 사용되는지 그림과 사진을 통해 알기 쉽게 풀어나간다. 그리고 방위, 기호, 색깔을 이용한 축소마술을 통해 그림지도를 완성하는 법을 소개해준다. 자신의 방에서 시작하여 동네로 확장해 나감으로써, 아이들이 두려움 없이 지도를 그려갈 수 있도록 도움을 주는 책이다.

4. 선정근거

  이 책은 어린이의 눈높이에 딱 맞춰진 책이다. 제목은 물론, 차례에 앞서 '들어가기'도 매우 매력적이다. 아이들이 그린 이탈리아 그림을 실어 책을 읽는 아이들이 친근하게 느끼도록 했기 때문이다. 또한 일반지도와 그림지도를 알기 쉽고 보기 쉽게 비교하는 과정을 통해 아이들이 자기만의 지도를 그려 볼 수 있도록 유도하였다.

  차례에 소개되는 소제목도 아주 신선하다. '그림지도 너는 누구냐?', '그림지도의 친구들을 소개합니다', '세상에 하나뿐인 그림지도를 그려요' 등 딱딱하지 않으면서 이해를 도와줄 수 있는 적절한 어휘를 사용하고 있다. 특히 이 책은 어린이 눈높이에 맞는 어휘를 사용하고 있다는 점에서 좋은 책이라고 할 수 있다. 방위, 기호, 색깔이라는 요소를 "도우미"라는 표현으로, 지도의 아주 중요한 요소인 축소를 "축소마술"이라는 매력적인 단어로 표현하고 있다.

또한 그림과 그림 사이에 말주머니를 넣어 중요한 정보를 제공하는 동시에 호기심을 자극하도록 구성하고 있다. 그림도 한 가지를 보여주어 주입하는 것이 아니라 같은 빨간색이라도 색깔의 농도에 따라 느낌이 어떻게 다른지 비교해 볼 수 있도록 하였다.

저자는 책의 내용을 구성할 때 "비교하기"라는 방법을 사용하여 아이들이 쉽게 이해할 수 있도록 하였다. 그 뿐만 아니라 비교하는 활동을 게임으로 즐길 수 있도록 도와주고 있다. 가장 재미있는 예로 부록을 들 수 있다. 비슷한 지도를 놓고 어떠한 점이 다른지 찾아 보게 하는 게임으로, 지도를 자세히 들여다 볼 수 있는 활동을 제시하고 있다.

활자와 그림구성 등 편집을 살펴보면 글자 크기도 적당하고, 소제목 하나에 들어간 텍스트의 양도 비교적 읽기 쉽게 구성되어 있어 지도를 처음 접하는 독자가 책을 끝까지 읽기에 무리가 없다.

또 이 책은 교과서에 나온 학습내용을 보다 쉽게 이해할 수 있도록 구성하여 사회학습에 실질적인 도움을 줄 수 있다.

대동여지도

1. 서지사항

제 목 : 대동여지도
글 : 박천홍
그 림 : 이상규
출판사 : 서울문화사(2006년)
ISBN : 89-532-9661-7

2. 작가소개

글작가 박천홍은 사학과를 졸업하고 출판사에 근무했으며, 〈출판저널〉의 편집장을 지냈다. 그리고 지금은 우리나라 역사를 알기 쉽게 풀어 쓰는 작업을 하고 있다. 작품으로 『매혹의 질주 근대의 횡단』, 『인간 이순신 평전』, 그리고 『여행하며 읽는 우리 고전』 시리즈가 있다.

3. 작품소개

대동여지도가 무엇인지, 누가 만들었으며, 언제 그리고

어떻게 만들어졌는지, 그 쓰임이 어떠했는지, 무엇이 담겨
있으며, 어떠한 기준으로 만들었는지 등을 픽션의 요소를
도입하여 설명해주고 있다. 하영이와 아빠의 대동여지도로
의 여행이 그것이다. 따라서 여행을 함께 하다보면, 어느 새
궁금증도 풀리고, 대동여지도에 대해서도 하나하나 알아가
게 된다.

4. 선정근거

　우리나라 지도를 새긴 김정호와 그 대동여지도에 대한 책
이다. 먼저 작가 박천홍은 사학을 전공했고, 또 작품을 쓰면
서 참고했던 문헌들을 책 뒤편에 실음으로써 정보의 출처를
밝히는 것은 물론 독자들도 참고할 수 있게 하였다. 그림을
그린 이상규는 만화로가 데뷔한 후 어린이를 위한 그림을
그려온 화가로, 다소 딱딱한 주제에 만화의 요소를 가미시
킨 삽화를 넣어줌으로써 분위기를 좀더 자연스럽고 재미있
게 이끌고 있다. 대동여지도에 대해 많은 것을 알 수 있고 그
지혜를 배울 수 있을 뿐 아니라 그동안 잘못 알려져왔던 사
실을 확인해 볼 수 있다. 식민지 시대에 왜곡된 나라와 전쟁,
그리고 지도와 관련 사실과 대동여지도 때문에 홍선대원군
에 의해 옥에 갇혀 죽음을 맞이했다는 이야기 등에 얽힌 사
실을 알 수 있다.

세상을 담은 그림, 지도

1. 서지 사항

제 목 : 세상을 담은 그림, 지도
글 : 김향금
그 림 : 최숙희
출판사 : 보림(2004년)
ISBN : 89-433-0523-0

2. 작가 소개

글 작가 김향금은 1964년 서울에서 태어나 자랐다. 서울 대학교에서 지리학과 한국 고전문학을 전공하였고, 지금은 어린이 책을 쓰고 우리말로 옮기는 일을 하고 있다. 지은 책은 『아무도 모를거야, 내가 누군지』, 『세상을 담은 그림, 지도』, 『사윗감 찾아 나선 두더지』, 『헬렌 켈러』, 옮긴 책은 『말썽꾸러기를 위한 바른생활 그림책』, 『야옹이가 제일 좋아하는 색깔은?』, 『조그맣고 조그만 연못에서』 등이 있다. 〈한국생활사 박물관〉을 만드는 일에도 참여했다.

그림 작가 최숙희는 1964년 부산에서 태어나, 서울대학교 산업디자인과에서 시각 디자인을 공부하였다. 주로 광고 일러스트레이터로 활동하고 있으며, 그림책에 그림을 그리기도 한다. 그린 책으로『빨간 모자』,『엄마 엄마, 이야기해 주세요』,『팥죽할머니와 호랑이』,『누구 그림자일까?』,『세상을 담은 그림, 지도』,『까꿍 놀이 선물 상자』,『열두 띠 동물 까꿍 놀이』,『괜찮아』등이 있다. 2000년 보림 창작그림책공모전과 2002년 비엔날레 아이사 일러스트레이션 재팬에서 가작으로 뽑혔다. 2005년 볼로냐 국제 아동도서전에서 '올해의 일러스트레이션' 작가로 선정되었다.

3. 작품소개

이 작품은 지도가 왜 만들어지게 되었는지를 쉽게 이해할 수 있도록 해 준다. 문명이 발달하면서 지도가 어떻게 발달하게 되었는지 보여주고, 그에 따른 지도의 다양한 쓰임새도 저절로 익힐 수 있게 하였다.

내용은 '사냥 갔다 길을 잃으면 어떡하지? → 표시가 없어지면 어떡하지? → 지도를 그릴 때 거리를 줄이는 방법은? → 과거를 보러 서울로 가려면 어느 길이 가장 빠를까? → 시장을 열려면 어디가 좋을까? → 전쟁이 났어, 어디를 지켜야 적군을 막을 수 있지?'의 순서로 전개된다. 이렇게 아이들의 눈높이에 맞춰 아이가 가질 수 있는 궁금증을 시작으로 지도를 만들게 된 경위를 설명하고 있다. 갈림길에서 길을 잃지 않도록 나뭇가지나 돌멩이로 표시하는 것에서 시작하여, 점차 나무토막에 그림을 그려두는 것으로 발전해 간 지도의 역사를 보여주고 있다.

아이들은 이 책을 읽고 지도의 역사를 자신의 세계로 들여와 자신의 주변 세계를 탐색해 볼 용기를 갖고 자신의 세계를 표현해 볼 수 있다.

4. 선정 근거

글과 그림의 조화가 매우 뛰어나다. 글과 그림 모두 아이들이 궁금해 할 수 있 내용을 매우 순차적으로 접근하여 보여주고 있다. 작가가 던져놓는 궁금증을 따라 가면서 깨닫게 되는 지도의 제작 과정과 지도의 의미들이 깊이 있게 와 닿는다.

전해 내려오는 지도를 지도 그림을 통해 그대로 그림책 안에 옮겨 놓음으로써 아이들이 지도에 더 가깝게 다가갈 수 있게 하였다. 아이들은 그림작가가 다시 그려놓은 지도를 보며 '나도 지도를 그릴 수 있다' 는 생각을 갖게 될 것이다.

옛사람과 똑같이 해 보고 싶은 마음, 조상들의 지혜를 저절로 배우며 느껴지는 우리 것의 소중함, 현재의 나도 그대로 해 볼 수 있다는 자신감을 길러 준다.

어린이를 위한 우리 나라 지도책

1. 서지사항

제 목 : 어린이를 위한 우리 나라 지도책
글 : 이형권
그 림 : 김정한
출판사 : 아이세움(2005년)
ISBN : 89-7221-283-0

2. 작가소개

글작가 이형권은 1961년 전라남도 해남에서 태어나 전남대학교 국어국문학과와 동국대학교 대학원을 졸업했다. 〈녹두꽃〉과 〈창작과 비평〉에 시를 발표하여 등단했으며, 월간 〈사람 사는 이야기〉 편집장과 KBS 다큐멘터리 작가로 일했다. 여러 신문사에 여행 칼럼을 연재했으며, 2005년 현재 문화센터, 중앙공무원교육원, 경찰대학 등에서 우리 문화를 강의하며 우리 문화와 여행에 관한 글을 쓰고 있다. 지은 책으로 『옛터』, 『산사』, 『풍속기행』, 『그리운 곳에 옛집이 있다』, 『국토는 향기롭다』, 『웃고 있는 보물들』, 『어린이 문화 유산 답사기』 등이 있다.

그림작가 김정한은 1972년 서울에서 태어나 서울대학교 동양화과를 나왔다. 지금껏 어린이를 위한 좋은 그림을 그리는 데 힘쓰고 있다. 그동안 『왕손가락들의 행진』, 『송아지가 뚫어준 울타리구멍』, 『꿀 강아지 똥강아지』, 『밤안개』, 『동생의 비밀』, 『싸개싸개 오줌싸개』, 『사또네 잔칫날』, 『호랑이는 꼬리가 길어, 길면 뱀이지』, 『거북이랑 달릴 거야』, 『한 판 붙을래?』, 『반쪽이』 등에 그림을 그렸다.

3. 작품소개

지도를 보면서 우리나라의 지리와 문화에 대하여 배우는 정보 그림책이다. 먼저 우리나라의 지리적 위치에 대해 알아본다. 1개 특별시, 6개의 광역시, 9개의 도로 구성된 우리나라 방방곡곡을 돌아다니며 우리나라에 어떤 곳이 있고 어떤 특산물이 있고 어떤 문화유산을 가지고 있는지 살펴본다. 각 지방의 특색과 특산물에 대해 쉽게 이해 할 수 있도록 도와준다.

아이들은 이 책을 보며 자신이 여행하고 싶은 곳을 떠올릴 수도 있고, 어떤 사물을 떠올리며 그것의 원산지를 찾아볼 수도 있다.

이 책은 도별 지도를 일일이 그렸고, 유적과 지역 특산물, 현대의 관광지 등을 교육적인 면과 실용적인 면을 동시에 고려하여 소개하고 있다. 세심하고 꼼꼼한 손길이 느껴지는 지도책이다.

4. 선정근거

  우리나라의 기초 행정단위인 특별시, 광역시, 그리고 도의 단위로 제시하고 있다. 각 지역의 대표적인 특색이나 특산물을 선정해 아이들의 호기심을 자극할 수 있는 소제목으로 시작한 점이 이채롭다. 우리 문화를 사랑하고 전달하는 일에 전념하고 있는 글작가의 태도가 느껴진다. 아이들의 시각으로 살펴보고, 아이가 궁금해 하는 것을 말해 주고 있어 지도라는 딱딱한 주제를 친근하고 재미있는 소재로 바꾸어 놓았다.

  각 지역별 지도를 따로 떼어 보여주니 세부 사항을 다시 큰 그림으로 확대 하여 이해를 돕는다. 지역에서 유래된 말의 어원도 설명해 주고 있어 아이들의 호기심을 채워주기에 부족함이 없다.

인사동 가는 길

1. 서지사항

제 목 : 인사동 가는 길
글 : 김이경
그 림 : 김수자
출판사 : 파란자전거(2005년)
ISBN : 89-89192-47-1

2. 작가소개

글 작가 김이경은 이화여자대학교와 동 대학원에서 사학을 공부하고, 한국방송대학교에 편입해 영문과를 졸업했다.

그림 작가 김수자는 덕성여자대학교를 졸업하고 이화여대 대학원에서 시각 디자인을 공부했다. 그녀가 그린 어린이 책은 『천재 돼지 프란시스 베이컨』, 『넥타이를 잘라버린 백남준』, 『해님 너무 더워요』 등이 있다.

3. 작품소개

이 책은 인사동에 대한 정보그림책으로 책 면지에 손으로 그린 인사동의 약도가 인상적이다. 안국동에서 인사동으로 들어가는 길목에서 시작하여 인사동을 지나면서 볼 수 있는 고서적, 도자기, 옷감, 석상, 탈 등을 파는 가게, 찻집, 쌈지길, 여러 미술관을 한지 위에 다양한 색감으로 표현하고 있다. 그림에서 인사동에 대한 정보를 읽을 수 있다. 책의 진행이 면지에 나온 약도를 따라가고 있어 실제로 인사동을 걸으며 구경하는 느낌을 준다.

4. 선정근거

이 책은 지도에 대한 직접적인 정보는 제공해주지 않는다. 책의 내용이 인사동 길을 따라가면서 진행되고 인사동의 약도를 책의 앞 뒤 면지에 담고 있어 아동이 약도를 접해보고 직접 만들어볼 수 있는 활동의 예가 될 수 있다.

이 책의 글 작가인 김이경은 사학을 공부했다는 사실을 소개에서 찾아볼 수 있고 책의 뒷부분에 인사동의 역사적 유래, 축제 등을 실제 사진과 함께 설명하고 있어서 권위를 가진다고 할 수 있다. 그리고 각 장에서 사용하는 전통에 대한 다소 어려운 용어들은 각주를 달아 설명하고 있어 정확성을 더해 준다. 문학적으로 보았을 때에도 단순히 인사동에 무엇이 있는지 정보만 전달하려 한 것이 아니라, 우리의 전통문화가 숨쉬는 여러 가지 예술품을 보면서 느껴지는 감정을 직접 시를 인용하는 등의 방법으로 다양하게 표현하고 있다. 그리고 책의 면지에 등장하는 인사동의 약도는 인사동에 무엇이 있는 지에 대한 호기심을 자극하여 아동이 보다 적극적으로 책을 읽어보도록 유도한다. 인물의 묘사는 다소 단조롭고 개성이 없지만 인사동의 사계절 풍경을 담은 색채와 한지를 이용해 인사동에서 볼 수 있는 특색 있는 물건들을 제시한 것은 매우 매력적이다.

한이네 동네 이야기

1. 서지사항

제 목 : 한이네 동네 이야기
글 · 그림 : 강전희
출판사 : 진선출판사(2001년)
ISBN : 89-7221-283-0

2. 작가소개

강전희은 부산에서 태어나 부산대학교에서 디자인을 전공했다. 『할아버지 아주 어렸을 적에』에 그림을 그리면서 작품 활동을 시작, 그림책 작가로 활동하고 있다. 창작 그림책으로 『한이네 동네 이야기』와 『어느 곰 인형 이야기』가 있고, 『베짱이 할아버지』, 『나무마을 동만이』, 『기준이네 가족 일기』, 『나라를 버린 아이들』, 『울지 마, 별이 뜨잖니』 등에 그림을 그렸다.

3. 작품소개

이 책은 우리 주변의 잔잔한 일상을 통해 어린이에게 재미
와 감동을 전한다. 면지에서 보여주는 동네의 원경은 매우
익숙한 풍경이다. 똘이와 함께 놀러 나온 한이가 걸어가는
동네는 도시 아이의 생활공간이고 놀이 공간이며 세상을 배
우게 되는 탐색공간이다. 한이 만큼 호기심 많은 똘이가 한
이 품을 뛰쳐나와 달아나면서 한이의 똘이 찾기가 시작된
다. 독자들은 한이와 함께 똘이를 찾아다니며 동네를 구석
구석 살피게 된다. 마치 늘 지나던 거리에 오래전부터 있던
작은 문구점을 이제야 발견하는 듯한 경험을 갖게 다. 한참
을 돌아다니다 책을 덮고 나면 한이네 동네를 내 품에 안은
듯 내 마음속의 세상이 더욱 커진 느낌을 갖게 될 것이다.

4. 선정근거

전지적 시점과 일인칭 시점을 잘 살려서 동네의 모습을 보
여주고 있다. 강아지 똘이를 찾으며 동네 구석구석을 살피
게 되고 그러면서 하나씩 알게 된다. 놀이기구, 우유 대리점,
야채가게, 우체국, 소방서, 놀이터 등 익숙한 길이지만 다시
짚어 가며 보게 된다. 나와 우리 가족 그리고 우리 동네로
확장시켜감으로써 아이의 공간개념 발달에 적합한 책이다.
일하는 사람들, 노는 아이들, 자동차들, 병원을 찾는 아이와
엄마, 길가의 나무 풀포기 하나하나를 다시 보게 한다. 그림
속에 자신의 세상을 담을 수 있다는 것을 보여주고 자신이
살고 있는 동네도 그려보고 싶은 마음을 들게 한다. 나아가
자신이 사는 동네를 애정을 갖고 보게 한다.

지구로 소풍가는 날!

1. 서지사항

제 목 : 지구로 소풍가는 날!(Blast Off To Earth!)
글 · 그림 : 로렌 리디(Loreen Leedy)
옮 김 : 이지유
출판사 : 미래 M&B(2003년) / Holiday House(1998년)
ISBN : 89-8394-227-4

2. 작가소개

1959년 미국 델라웨어 주의 윌밍턴에서 태어났고 미술을 공부했다. 첫 번째 작품은 시로 쓰여진 수세기 책으로 『용의 수』이다. 그 후 30권이 넘는 어린이 책에 그림은 물론이고 글도 직접 썼다. 그녀의 책들은 간단하면서도 재미와 교육 적인 내용을 함께 담고 있다는 평을 받는다. 수학, 과학, 인성, 생태 등 다양한 주제에 걸쳐 지식 그림책을 펴낸 그녀는 1987년 '페어런트 초이스 어워드' 상을 받았고, 1989년에서 는 뛰어난 화가에게 주는 '에즈라 잭 키즈' 상을 받았다.

3. 작품소개

우주의 로봇들이 지구로 소풍을 떠나온다는 설정으로, 픽션과 논픽션을 결합하여 어린이들의 관심을 끌어내고 있다. 이야기를 따라가다보면, 바다, 대륙, 북극, 남극, 적도, 대륙 이름, 대양 이름, 지도에서의 색과 기호 등을 알 수 있게 된다. 그리고 각 대륙의 몇몇 나라와 간략한 풍습, 음식, 인종, 동물 등에 대해서도 알 수 있다.

4. 선정근거

책의 저자는 과학, 수학, 사회 등의 정보책을 많이 출판하여 이름이 알려져 있다. 그리고 옮긴이는 지구과학 교육과를 졸업하고, 과학교사로 재직했었으며, 지금은 어린이들을 위한 과학책과 그림책 등을 번역하고 있다.

픽션과 논픽션의 요소를 결합시킨 책으로, 우주의 다른 행성에 살고 있는 로봇들이 지구로 소풍을 온다는 설정이 재미있고 매력적이며, 말풍선을 이용한 간략한 설명이 어린이들의 흥미를 끌고, 집중하게 돕는다.

하지만 한 가지, 이 책에서는 우리나라와 달리 4개의 커다란 바다와 7개의 커다란 대륙이 있다고 소개하고 있는데 그에 대한 부연설명이 없다는 점이 아쉽다. 여러 가지 이론이 존재한다는 사실과, 학자나 문화권에 따라 다른 관점은 물론, 그에 대한 이유도 제시해주었으면하는 아쉬움이 남는다. 그러므로 본 책을 어린이들에게 제시해 줄 때에는 이러한 부연 설명을 덧붙여주거나, 함께 교과서나 백과사전, 인터넷 등의 참고자료를 찾아보는 것이 필요하겠다.

호야와 곰곰이의 세계지도여행

1. 서지사항

제 목 : 호야와 곰곰이의 세계지도여행
(Janosch's Grosser Kleine Tiger)

글 · 그림 : 야노쉬(Janosch)

옮 김 : 오석균

출판사 : 계림 북 스쿨(2001년)
/ Verlags buchhandlung Nachfolger Friedrich Basserman(2002년)

ISBN : 89-89427-18-5

2. 작가소개

야노쉬는 1931년, 지금은 폴란드의 산업 도시가 된 차브르체(과거 독일령이었을 때의 지명은 슐레지엔의 힌덴 부르크)에서 태어났다. 원래 이름은 호르스트 에케르트이다. 학교를 다니기 싫어해서 공부대신 여러 가지 일을 배웠지만, 어른이 되어서는 유명한 그림책 작가가 되었다. 『아름다운 파나마는 어디 있나요?』, 『아기호랑이에게 보낸 편지』, 『이 글라우로 간 악어』 등의 많은 그림책에 글을 쓰고 그림을 그렸으며, '독일 청소년 문학상' 을 비롯하여 여러 상을 받았다.

3.작품소개

저자 야노쉬는 인도가 고향인 호야와 어딘가 믿음직스러
워 보이는 곰곰이를 통해 세계의 각 나라를 설명한다. 또 여
러 나라에 대한 간단한 설명 이외에도 지구의 자전과 공전
에 대해 알 수 있다. 책의 대부분은 지도와 설명으로 되어 있
지만 호야와 곰곰이의 장난스런 말때문에 어렵지 않게 읽을
수 있는 책이며, 마음대로 세계를 한 바퀴 돌아 볼 수 있는
재미있는 책이다.

4.선정근거

저자 야노쉬는 『오, 아름다운 파나마』로 독일 청소년 문학
상을 수상했고, 1992년에 '안드레이-그리피우스' 상을 받았
다. 이 책을 번역한 오석균은 독문학을 전공한 문학 박사이
다. 독일 뮌헨 대학에서 수학하였으며 현재 대학에서 독문
학을 가르치고 있다. 그림을 여러 번 보다 보면 자연히 지도
를 익히게 되고 그림 속에서 작가의 의도를 느끼면서 세계
여행을 떠나게 된다. 지구의 공전과 자전을 책의 도입부분
에서 접하면서 행성과 연계하여 확장해 볼 수 있다. 야노쉬
의 그림책에 등장하는 친구들(곰곰이, 호야, 털보 아저씨)과
지구를 재미있게 여행하다 보면 어느 새 자기가 살고 있는
곳에 도착하게 된다. 지구의를 옆에 두고 책과 함께 보면서
유럽에서부터 아프리카, 인도, 아시아, 미국 등을 거치며 세
계 곳곳의 다양한 문화를 살펴보고, 세계 백지도를 펼쳐놓
고 책에서 본 지도와 내용을 적어 볼 수 있다. 책의 스타일은
읽기 쉽게 되어 있고 전문적인 내용도 잘 이해 할 수 있게 구

성되어 있다. 하지만 책의 목차와 주석, 색인 등이 빠져 있어
아쉽다.

어린이 아틀라스 - 지도로 배우는 세계의 문화와 자연

1. 서지사항

제 목 : 어린이 아틀라스 - 지도로 배우는 세계의 문화와 자연
   (Mon Atlas)
글 : 브누아 들라랑드르(Benoit Delalandre)
그 림 : 제레미 클라팽(Jeremy Clapin)
옮 김 : 이희정
출판사 : 문학동네어린이(2006년)
ISBN : 89-546-0045-X

2. 작가소개

글작가 브누아 들라랑드르는 생물학자, 영화감독, 시나리오작가 등 다양한 직업을 통해 다양한 경험을 쌓았다. 아빠가 되면서 어린이책에 관심을 갖게 되었으며, 어린이책 쓰는 일을 하며 보람을 찾고 있다.

옮긴이 이희정은 서울여자대학교 불어불문학과와 한국외국어대학교 통번역대학원 한불과를 졸업한 뒤 다양한 분야의 도서를 번역해왔다. 그동안 옮긴 책으로는 『유쾌한 과학 지적인 즐거움』, 『추적, 다빈치 코드의 진실과 거짓』, 『빈센트가 그림 반 고흐』, 『아르센 뤼팽의 연인들』, 『두 미소의 연

인』, 『바다의 모든 것을 알려주는 책』, 『원숭이는 왜 철학교
사가 될 수 없을까?』 등이 있다.

3. 작품소개

　이 책은 세계 여러 나라를 대륙별로 나누어 지형과 생태,
문화와 생활을 알기 쉽고 보기 쉽게 소개하고 있다. 대륙별
지도를 접이식으로 구성하여 각 대륙의 특징을 한 눈에 파
악할 수 있도록 도와주며, 펼쳐보는 재미는 물론 호기심을
자극한다. 또한 스머프와 레고, 드라큘라백작과 같이 아이
들이 흥미 있어 하는 요소들을 나라와 함께 소개하여, 딱딱
한 정보보다는 아이들이 정말 궁금해 할만한 특별한 풍습이
나 생활방식에 초점을 맞추어 지구촌의 다양한 삶을 조명하
고 있다. 또 스프링 제본이라는 독특한 형태로 되어 있어 아
이들이 미리 자신의 공책인 것처럼 친숙하게 느낄 수 있다.

4. 선정근거

　이 책은 우리가 알고 있는 세계 여러 나라에 대한 정보를
지도를 통해 접근할 수 있도록 하였다. 첫 번째 접근은 지도
로 시작되지만 각 지역의 독특한 풍습과 생활양식은 흥미로
운 소제목과 함께 다양한 팁을 제공하여 아이들이 호기심을
가지고 찾아볼 수 있도록 구성하였다. 차례도 대륙별로 되
어있고 각 대륙도 지명, 자연, 지형, 사람들로 구성되어 있어
아이들이 필요한 대륙에 대한 정보를 손쉽게 찾아 볼 수 있
다.

프랑스 작가가 쓴 책이라서 출발이 유럽에서 시작된다. 지명과 지형은 다소 딱딱한 소개로 시작되나 자연과 사람들은 짧고 간단한 설명들이 조화롭게 펼쳐져 있고, 그림이나 팁들도 아이들의 눈높이에 맞게 잘 구성되어 있다. 공룡이 나오는 먼 옛날부터 유럽연합에 이르는 현대까지 아이들이 흥미 있어할 만한 내용을 잘 선별해 놓았다.

어느 나라든지 시장풍경은 그 나라의 진면목을 알려준다고 한다. 이렇듯 작가는 각 대륙마다 대표되는 시장풍경을 통해 문화와 풍습을 한 눈에 볼 수 있게 하였다.

편집에 있어서도 아이들이 꼭 알아야 할 나라이름과 주요 지명들은 진한 글자체를 이용하여 기억하기에도 좋고, 굵은 글씨로 표시된 항목은 뒷면지의 찾아보기난에 잘 정리되어 있다. 그림도 전면그림과 조각그림을 조화롭게 배치하여 아이들이 보는 데 지루함을 느끼지 않도록 하였다. 접이식 구성 또한 아이들의 호기심을 불러일으키기에 충분하다.

뒤쪽에는 지금껏 보았던 국가의 국기들을 대륙별로 묶어 쉽게 찾아볼 수 있도록 해 놓았고, 벽에 붙일 수 있는 세계지도를 넣어, 방에 붙여 놓고 책의 내용을 되짚어 볼 수 있게 했다. 단순히 벽에 붙이는 큰 지도로 끝나는 것이 아니라 아이들이 궁금해할만하고 또 그 아이들이 즐겨 내는 수수께끼 문제와 같은 내용을 지도 옆에 정보로 제공하여, 큰지도 또한 한 장의 매력적인 선물이 된다.

마지막으로 이 책은 초등학교 저학년부터 고학년까지 폭넓게 볼 수 있다는 장점이 있다. 단순한 사회학습에도 도움이 되며 고학년으로 올라가면서 좀 더 자세한 정보를 필요로 할 때에도 도움이 될 수 있도록 팁과 정보를 잘 배치하여 필요한 정보를 원하는 만큼 얻을 수 있도록 구성하였다.

울퉁불퉁 세계지도

1. 서지사항

제 목 : 울퉁불퉁 세계지도(My First Atlas)

글 : 니콜라스 해리스(Nicholas Harris)

그 림 : 게리 힝크스(Gary Hincks), 니키 팔린(Nicki Palin)

옮 김 : 고수미

출판사 : 디딤돌(2006년)

　　　　Hammond World Atlas Corporation(2000년)

ISBN : 89-5851-426-4

2. 작가소개

　글작가 니콜라스 해리스는 대학에서 지리학을 전공한 후 줄곧 출판사에서 일했다. 그 후 오르페우스 출판사를 차려 어린이 책 만들기에 전념하고 있다. 특히 지리학과 과학 분야에 관심이 많아 이와 관련된 어린이 책을 많이 쓰고 있다.

　그림 작가 게리 힝크스는 자연환경의 역동적이면서도 사실적인 모습을 주로 그리는 일러스트레이터이다. 그의 작품들은 예술, 과학, 그리고 커뮤니케이션 디자인의 결합물이라고 평가 받고 있으며, BBC 방송, 디스커버리 채널, 리더스 다이제스트 등에서 왕성한 작품 활동을 하고 있다.

　니키 팔린은 어린이 그림책의 전문 일러스트레이터로 많은 수상경력을 가지고 있으며, 유명 소설, 어린이 동화, 고전 등의 작품에서 그의 그림을 만날 수 있다.

3. 작품소개

　우리가 살고 있는 세상, 동부 아시아, 남부 아시아와 동남 아시아, 서남 아시아, 북부 아프리카, 남부 아프리카, 서부 유럽, 남부 유럽, 북부 유럽, 러시아와 중앙 아시아, 미국, 캐나다와 북극, 멕시코와 중앙 아메리카, 남부 아메리카, 오스트레일리아와 뉴질랜드 등 각 지역의 위치, 기후, 인종, 언어, 특징들을 소개해 주고 있다.

4. 선정근거

　세계에 대해서, 세계 지도와 세계의 문화에 대해서 관심을 갖게 된 어린이들에게 적합한 책이다. 본 책은 지리학을 전공한 작가의 작품이며 전국지리교사연합회 회장이 추천사를 썼다. 서두에서 책을 보는 방법을 친절하게 소개하여 어린이들의 이해를 돕고 있으며, 각 지역을 소개하는 페이지마다 작은 세계지도를 함께 싣고 해당 지역을 빨간색으로 눈에 띄게 표시하여 그 지역이 세계의 어느 부분에 위치하는 지 알 수 있게 배려하고 있다. 또한 숲이나 초원, 사막 등을 보통의 지도에서처럼 색으로만 표시하지 않고 입체적으로 그려 더욱 실감나게 제시하고 있다. 그리고 지도마다 변화되는 축척을 제시하였다. '알고 있었나요?' 라는 작은 제

목의 글 상자를 마련하여 각 지역에 대한 특정 정보를 제공
하고 있다. 책의 맨 마지막에 '장소를 찾아볼까요?' 라는 페
이지를 마련하여 찾고자 하는 나라를 쉽게 찾을 수 있도록
하였다.

나의 첫 세계 여행

1. 서지사항

제 목 : 나의 첫 세계 여행(Mon premier tour de monde)
글 : 소피 아망(Sophie Amen)
그 림 : 올리비에 라틱(Olivier Latyk)
옮 김 : 김효림
출판사 : 계림북스쿨(2004년) / Milan(2002년)
ISBN : 89-89427-43-6

2. 작가소개

올리비에 라틱이 그림을 그린 책으로는 『아름다운 우주의 비밀』 등이 있다.

옮긴이 김효림은 1963년 경북 안동에서 태어나 연세대 불문과 석사과정을 마치고, 파리 4대학에서 불문학 박사 과정을 이수했다. 외국 책을 소개하는 에이전트로 활동하고 있으며, 특히 어린이 책을 번역 소개하고 있다. 옮긴 책으로는 『크리스마스 회전목마』, 『지혜를 날마다 키워주는 책』, 『뚱보하마 포포탐』, 『나의 첫 세계여행』, 『푸른숲 어린이 과학 교실』 시리즈 등이 있다.

대륙별로 나누어 그 대륙의 특징을 간단하게 소개하며 그
곳의 문화나 특징적인 동물과 식물들을 소개하고 있어 지도
를 통해 다양한 대륙별 지리와 문화를 배울 수 있다. 각 대륙
의 주요한 강이나 산맥, 도시를 시작으로 보다 자세하게 들
여다볼 수 있는 기회를 제공하여 호기심 많은 아이들에게
흥미를 더해 준다.

4. 선정근거

전체적으로 설명이 많지 않고 한두 문장으로 간결하며 어
린이들이 이해하기 쉽게 쓰여 졌다. 앞부분에서 대륙과 대
양에 관해 쉽고 간단하게 설명하면서 국경에 대해서도 언급
을 하고 있어 지도를 보기에 앞서 개념을 정리 할 수 있다.
대륙별 지도 그림위에 반투명 기름종이를 덧붙여 국경선을
표시함으로써, 아이들이 국경선이 대체로 산맥이나 강을 따
라 정해졌다는 것을 쉽게 이해 할 수 있게한 점이 눈에 띤다.
또한 세계전도 그림에서 대륙이 위치한 부분을 알수 있고,
지도 위에 동서남북표시가 있어 방위까지 알 수 있다.

대륙별로 각각 다른 작가들이 그림을 그려 통일성은 약간
떨어지나 다양한 기법과 색이 오히려 아이들에게 대륙의 다
양성을 느낄 수 있게 해주는 것 같다. 기회가 될 수 있다고
생각됩니다. 그리고 단순한 그림과 지도의 동물이나 식물,
문화재 등의 그림마다 이름을 적어 놓아 아이들이 학습하는
데에도 도움이 된다.

나의 첫 지도 여행

1. 서지사항

제 목 : 나의 첫 지도 여행(The First Picture Atlas)
글 · 그림 : 킹피셔 편집부
옮 김 : U&J
출판사 : 계림북스쿨(2005년) / Kingfisher(1999년)
ISBN : 89-89427-58-4

2. 작품소개

　이 책은 계림북스쿨 지오스터디 시리즈 두 번째 책으로 우리나라를 비롯한 세계 여러 나라의 지리와 다양한 문화를 소개한 그림책이다. 첫 부분에서 책의 구성과 활용방법, 기호읽기 등에 대해 자세히 설명하고 있다.

　또, 각 대륙의 지도를 두 번씩 소개 하는데, 첫 번째 지도에서는 각 나라를 다른 색깔로 구분하여 각 나라의 수도와 주요 도시를 표시하고 있다. 두 번째 지도에서는 강과 산, 호수를 중심으로 각 대륙에 서식하고 있는 동물과 식물 그리고 주요 생산물과 산업을 소개하고 있다.

　각 대륙의 지도가 있는 페이지마다 '맞혀보세요' 와 '무엇을 먹나요?' 라는 상자를 넣어 각 대륙의 전통음식과 전통요리법에 대한 추가 정보는 물론, 해당 페이지의 지도와 관련된 질문을 통해 아이들이 주의깊게 지도를 살펴보도록 유도하고, 각 대륙의 지도에 대한 지식을 확인하고 다음 대륙으로 넘어가도록 하였다.

또한 지도의 제작과정과 축적에 대한 정보를 담고 있으며, 책의 마지막에 대륙별로 세계의 국기와 문제에 대한 정답 및 찾아보기를 싣고 있다.

3. 선정근거

이 책은 '나의 첫 지도 여행' 이라는 제목에서부터 아이들의 호기심을 끌기에 충분하다.

이 책은 지도를 어떻게 보아야 하는지 자세하고 쉽게 설명하고 있으며, 정확한 용어를 사용하고 있다. 또한 다양한 기호로 그려진 그림지도를 보는 재미는 물론, 이 책을 다 읽은 후 확장활동을 할 수 있는 장점이 있다. 다시 말해 그 지역에 대해서 알고 있었거나 다른 책이나 인터넷에서 새롭게 알게 된 것을 자신이 창작한 기호로 그려 그 지역에 붙여 볼 수 있다. 또한 아이들이 습득한 정보를 확인해 볼 수 있게 각 지도마다 문제를 풀고 다음 지도로 넘어가게 함으로써, 지도를 보다 주의 깊고 꼼꼼하게 살펴보도록 한다. 그리고 각 대륙의 지형에 따라 세로로 배열하거나 가로로 배열하여 정보의 전달 뿐 아니라 보는 즐거움을 느낄 수 있도록한다. 또 각 대륙 지도와 세계 지도를 비교하며 주변국가와 연결하여 위치를 파악할 수 있게 하였다.

대륙마다 '무엇을 먹나요?' 라는 상자 안에 각 대륙의 전통음식과 전통요리법도 소개하고 있어서 그 지역의 위치 뿐 아니라 문화도 배울 수 있게 하였다. 따라서 아이들은 자신들이 먹는 음식의 주원료가 어디에서 생산되는지 쉽게 확인해 볼 수 있다.

또한 책 뒤에 문제에 대한 정답과 함께 '이제 모든 문제를 풀어봤으니 몇 가지 다른 문제도 풀어볼까요? ....의 수도는 어디일까요?, ...에서 가장 큰 나라는 어디일까요?' 등의 문제를 덧붙여, 아이들이 책을 다시 보고 확인하거나 문제를 만들어 친구들에게 묻는 활동도 가능하도록 유도하고 있다.

마지막으로 찾아보기에는 지명과 페이지, 숫자와 알파벳을 통해 궁금한 곳, 미처 찾아보지 못한 곳을 쉽고 재미있게 찾아볼 수 있도록 하였다.

지도로 만나는 세계 친구들

1. 서지사항

제 목 : 지도로 만나는 세계 친구들
글 : 김세원
그 림 : 조경규
출판사 : 뜨인돌 어린이(2004년)
ISBN : 89-957100-3-9

2. 작가소개

글작가 김세원은 고려대학교 불문학과를 졸업하고 같은 학교 대학원에서 정치학 석사, 뉴욕주립 대학에서 기술경영학 석사 학위를 받았다. 1992년에는 로이터 재단 방문 연구원으로 프랑스 보르도 대학과 보르도 정치대학에서 국제 정치와 유럽 연합을 공부했으며 현재는 '어린이동아' 에서 기자로 일하고 있다.

그림작가 조경규는 1974년 서울에서 태어났다. 뉴욕 프랫 인스티튜트 시각디자인학과를 졸업하고 2005년 현재 만화가, 일러스트레이터, 디자이너 등으로 활동하고 있다. 서울, 뉴욕, 나폴리 등에서 수차례 개인전과 그룹전에 참가했다. 지은 책으로 『팬더댄스 이야기 1-반가워요 팬더댄스』가 있고, 그린 책으로『박경림의 영어 성공기』,『반가워요 팬더댄스』,『어린이 살아있는 한자 교과서』등이 있다.

3. 작품소개

이 책은 세계를 단순히 지리적으로 분류하지 않고, 10개의 문화권으로 분류하여 세계 각 나라의 문화, 산업, 환경, 국기, 화폐, 유적 등 다른 나라와의 차이를 보다 쉽게 설명하고 있다. 세계 여러 나라의 캐릭터 친구들이 세계의 문화를 만화와 사진, 지도 등 다양한 형식을 통해 가르쳐 주어 더욱 즐겁고 신나게 세계 문화를 접할 수 있는 책이다. 세계 지리 상식을 담은 '요모조모' 코너에서는 캐릭터 또리와 여행을 마치고 돌아와 풀어볼 수 있는 가로세로 퀴즈도 포함되어 있다.

4. 선정근거

서구 중심의 번역서에서 벗어나 우리나라 저자가 아시아, 아메리카, 오세아니아, 유럽, 아프리카 등 어느 하나에 치우침 없이 균형 잡힌 세계관을 갖도록 했다. 또, 단순한 지리적 분류가 아닌 문화권별로 대륙을 분류해 각 나라의 문화적 특성을 잘 이해하도록 돕고 있다. 또한 아이들이 좋아하는 캐릭터를 만들어 보다 즐겁고 신나게 책의 내용을 여행할 수 있게 하였다. 또 책에서제공되는 부가정보가 아이들의 호기심을 자극한다.

숨은 별자리 찾기

1. 서지사항

제 목 : 숨은 별자리 찾기(Find the constellations)
글 · 그림 : 한스 아우구스토 레이(H. A. Rey)
옮 김 : 이현주
출판사 : 비룡소(2002년) / Lay Leeong, MA(1954년)
ISBN : 89-491-5044-1

2. 작가소개

한스 아우구스토 레이는 독일 함부르크 태생으로 뮌헨에 있는 대학에서 언어, 철학, 과학을 전공했다. 훗날 미국인으로 귀화해 케임브리지 대학교에서 우주천문학을 가르쳤다. 1938년부터 그림책 작업을 시작하였고 대표작으로는 『개구쟁이 꼬마 원숭이 조지』시리즈, 『주머니 없는 캥거루 케이티』 등이 있다.

옮긴이인 이현주는 이화여자대학교 물리학과를 졸업하고, 서울대학교 천문학과 대학원에서 석사학위를 받았다.

3. 작품소개

　이 책은 밤하늘의 별을 이어 별자리를 만드는 방법과 그 별자리를 실제 밤하늘에서 찾아 볼 수 있는 방법, 또 그 별자리에 관련된 이야기와 천문학과 관련된 전문용어 등 여러 정보를 재미있게 설명하고 있다. 다양한 별자리 소개로 다소 지겨워질 수 있는 책을 여러 캐릭터들이 등장하여 질문을 하고 대답하기도 하고 독자에게 말을 걸기도하여 매우 즐겁게 읽을 수 있게 하였다. 실제로 책을 들고 밤하늘을 관찰할 수 있도록 실질적인 정보를 제공하여 아동이 별자리에 대한 흥미를 갖게 하고 별자리 지도를 활용해보도록 유도한다.

4. 선정근거

　이 책은 작가와 옮긴이 모두 천문학을 연구하였기 때문에 책의 내용에 대해 권위를 가진다. 그리고 정확성에 있어 다양한 천문 용어를 있는 그대로 사용하면서 그 개념을 설명하고, 이 후에 그 개념에 대해 다시 찾아 볼 수 있도록 작은 캐릭터들이 쪽수를 알려주기도 한다.

　우리나라 아동에게 있어 원작자가 사는 나라와 볼 수 있는 별이 다르기 때문에 이 책은 서문에서부터 '책에 나온 별자리와 행성들의 위치는 모두 우리나라의 밤하늘에 맞게 되어 있습니다' 라고 밝히고 있다. 책 뒤에 실린 여러 행성 찾기표나 밤하늘을 위한 시간표도 우리나라 실정에 맞게 실려 있어 우리나라 아동에게도 적절하다. 이 책의 문학성은 다양한 비유를 사용하여 이해를 돕는 것에서 찾아볼 수 있다. 예를 들어 광년의 개념을 설명하면서 쌀알과 63빌딩의 높이를 비교하여 단위의 차이를 실감나게 설명하고 있는 것을 볼 수 있다. 또 이 책의 매력은 본문의 텍스트, 주요 단어, 캐릭터들의 대사를 다른 글씨체로 구분하여 디자인한 것과 별자리 설명을 돕는 캐릭터들의 매우 익살적인 모습에서 찾아볼 수 있다.

하지만 우리나라에서 발견해 낸 별자리 관련 이야기가 언급되지 않은 점이 아쉽다.

800년 전의 세계 일주 - 위대한 여행가 벤자민이 들려주는 12세기의 세상 이야기

1. 서지사항

제 목 : 800년 전의 세계 일주(The Travels Of Benjamin Of Tudela)
글 : 유리 슐레비츠(Uri Shulevitz)
옮 김 : 조병준
출판사 : 어린이 중앙(2005년) / Farrar, Straus and Giroux(2005년)
ISBN : 89-5924-302-7

2. 작가소개

유리 슐레비츠는 유태인으로 어린시절 제2차 세계대전을 피해 유럽을 떠돌았다. 그는 1957년 뉴욕으로 이주하여 브루클린 뮤지엄 미술 학교에 입학했고 예술적인 재능을 꽃피워 칼데콧 메달과 칼데콧 상을 비롯해서 많은 상을 받았다. 그의 저서로는 『새벽』, 『세상에 둘도 없는 바보와 하늘을 나는 배』, 『눈』, 『보물』 등이 있다.

옮긴이 조병준은 신문방송학과를 전공하였고 그림책 번역과 창작을 하고 있다.

3. 작품소개

이 책은 마르코 폴로보다 100년이나 앞선 1159년에 세계를 여행한 유대인 벤자민의 여행담을 소개하고 있다. 중세에는 사람들이 모르는 대륙과 나라가 많아서 세계가 좁은 데다, 여행하는 것도 쉽지 않은 상황이었다. 이 책은 바로 그 당시 알려진 모든 세상을 보기 위해 14년간 여러 도시와 자연을 돌아본 벤자민의 여정을 따라가면서 그가 겪었을 위험과 세상의 모습을 아름다운 그림으로 보여준다. 이색적인 중세의 도시 풍경과 도시에 얽힌 이야기는 책을 흥미진진하게 만들고 여행을 통해 깨닫는 것이 무엇인지 알게 해준다.

4. 선정근거

이 책은 지도의 개념을 직접적으로 알려주지는 않는다. 하지만 14년간의 벤자민의 여정을 한 장의 지도로 표현하여 방대한 책의 진행과정을 한 눈에 파악할 수 있도록 정리하고 있어 지도 활용의 예가 될 수 있다.

작가는 책의 서문에 자신이 책을 쓰는 데 도움을 받은 재단 및 사람들의 이름을 밝히고 있는데, 이를 통해 우리는 그가 책을 쓰기 위해 많은 연구를 했다는 것을 알 수 있다. 그리고 '유리 슐레비츠가 이 책을 쓰고 그리는 데 참고한 책들'이란 제목으로 참고 도서를 밝히고 있어 책의 정보를 신뢰할 수 있다. 뿐만아니라 '작가의 말'을 통해 벤자민이 남긴 자료에 근거한 부분과 다른 자료와 작가의 상상력에 의한 부분은 명확히 밝히고 있다. 또, 아동의 수준에 맞는 자료를 이용하여 중세의 실상을 생생하게 보여주고 있다. 이외

에도 다양한 색감은 중세의 각 나라와 시대를 매력적으로
표현하고 있다.

그림지도로 보는
세계의 고대문명

1. 서지사항

제 목 : 그림지도로 보는 세계의 고대문명

  (Atlas of ancient civilizations for children : Para ninos)

글 : 닐 모리스(Neil Morris)

그 림 : 다니엘라 데 루카(Daniela De Luca)

옮 김 : 안효상, 임기환 감수, 신재명 그림

출판사 : 다섯수레 펴냄(2005년) /

  McRae Books Srl, Florence(2000년)

ISBN : 89-7478-215-4

2. 작가소개

닐 모리스는 대학에서 독일어를 전공했다. 키디크래프트, 맥도널드에서 마케팅과 편집 일을 하다가 1979년부터 아내와 함께 저작, 편집, 번역 등의 일을 시작해 지금까지 수많은 책을 펴냈다. 그 동안 지은 책으로 『우리 몸의 신비』, 『동물은 놀라워』, 『깊고 깊은 우주』, 『우리 사는 멋진 세계』등이 있다.

다니엘라 데 루카는 특유의 둥글둥글한 화풍으로 어린이들에게 친근감을 주는 화가이다. 동물과 자연에 관련된 그림책을 주로 그리며 정확한 정보와 재미를 함께 전해 준다. 어린이 책에 그림을 그리기 전에는 완구 회사에서 완구 및 게임을 디자인했다. 그린 책으로는 아틀라스 시리즈인 『그림지도로 보는 세계의 고대 문명』, 『그림지도로 보는 세계의 여러 나라』, 『그림지도로 보는 세계의 여러 동물』 등이 있다. 〈세계의 야생동물〉시리즈, 『비버 벤이 집을 지었어』, 『코끼리 리지는 진흙탕을 좋아해』, 『캥거루 버스터가 주머니를 떠났어』, 『늑대 해리에게 가족이 생겼어』에 그림을 그렸다. 지금은 이탈리아의 피렌체에 살고 있다.

안효상은 서울대학교 서양사학과를 졸업하고, 같은 대학원 박사 과정을 수료했다. 지금은 서울대학교에서 강의를 하고 있다. 지은 책으로 『상식 밖의 세계사』 등이 있고, 옮긴 책으로 『생태 제국주의』 등이 있다.

임기환은 서울대학교 국사학과를 졸업하고 경희대학교 대학원에서 석사와 박사 학위를 받았다. 경희대 강의교수와 한신대 연구교수를 거쳐 지금은 고구려연구재단 연구기획실장으로 활동하고 있다. 그동안 지은 책으로 『고구려 정치사 연구』가 있고, 이외에도 여러 편의 논문을 발표했다. 어린이들을 위한 책인 『그림지도로 보는 세계의 고대 문명』의 고대 한국 부분을 감수했다.

신재명은 서울대학교 미술대학 서양학과와 동대학원을 졸업하였다. 개인전 3회와 그룹전에 여러 번 참가했으며, 현재 계원예고에서 학생들을 가르치고 있다. 『지혜를 준 사람들』, 『엄마 · 아빠의 사랑을 먹고 크는 친구들』, 『나는 어떻게 생각을 할 수 있을까?』, 『용기를 준 사람들』, 『파브르 곤충기』, 『우리 조상들은 어떻게 사랑을 했을까?』 등의 그림을 그렸다. 『그림지도로 보는 세계의 고대 문명』에서 고대 한국 부분을 그리기도 했다.

3. 작품소개

  메소포타미아, 이집트, 그리스와 로마, 켈트, 중국, 인도,
중남미의 문명 등 전 세계의 고대 문명을 소개하고 있다. 아
이들이 이해하기 쉽게 관련 문화를 지도와 함께 소개하여
고대 국가들의 정치, 경제, 생활, 문화, 예술 등을 그림을 통
해 한눈에 익힐 수 있도록 하였다.

  이를테면 고대 이집트 사람들은 왕인 파라오를 섬기며 아
마로 옷을 만들어 입고 밀로 빵을 만들어 먹으며 돼지, 암소,
염소로부터 고기와 젖, 치즈를 마련했다. 이들은 사람이 죽
은 후 영혼이 영원한 삶을 누리기 위해서는 시체가 잘 보존
돼야 한다는 믿음에 따라, 시체를 미라로 만들어 썩는 것을
막았다. 이러한 과정들이 고대 이집트의 지도를 따라 그림
으로 펼쳐져 당시의 생활 모습을 흥미롭게 보여준다. 책의
커버를 펼쳐보면 우리나라의 고대 문명 지도가 그려져 있어
더욱 흥미롭고 장마다 퍼즐, 퀴즈 등의 게임이 있어 지루하
지 않다.

4. 선정근거

  차례와 찾아보기가 있어 학습이나 정보에의 접근성이 용
이하다는 것과 우리나라의 고대 문명 지도가 있어 우리나라
의 문명발달에 관해 좀 더 자세히 알 수 있다는 장점이 있다.
우리나라의 고대 문명 지도는 책 표지의 뒷면에 자리하고
있어 이를 펼쳐보는 재미 또한 무시할 수 없다. 또한 각각의
문명을 소개하면서 한쪽에는 세계지도 상에서의 위치를 알
려주어 어느 지역인지를 알 수 있도록 하였다. 그러나 문명

을 소개하는 지도 그림에서는 지형의 모양과 위치를 정확히 알 수 없어 아쉬움이 남는다. 하지만 고대 문명의 탄생과 관련된 역사, 문화, 경제 등의 다양한 정보를 백과사전식으로 간략하고 이해하기 쉽게 설명해 주고 있다.

세상을 보는 눈, 지도

1. 서지사항

제 목 : 세상을 보는 눈, 지도
글 : 청동말굽
그 림 : 낙송재
감 수 : 한영우
출판사 : 문학동네어린이(2004년)
ISBN : 89-8281-826

2. 작가소개

청동말굽은 아동학을 공부한 김민화, 김경화를 중심으로 문학, 미디어, 교육 등 서로 다른 전문 분야에 속하는 사람들이 모여 만든 기획팀이다.

그림작가 낙송재는 추계예대 동양화과와 동국대 교육대학원 미술교육과를 졸업했다. 100회가 넘는 전시회를 통해 작품을 발표해왔으며 대한민국미술대전, 후소회 공모전 특선, 중앙 미술대전 등에 입선하였다. 그린 책으로 『대동놀이』, 『연싸움』, 『콜라 장사』, 『을지문덕』, 『김정호』 등이 있다.

이 책을 감수한 한영우는 한국사연구회 회장, 서울대학교

규장각 관장과 인문대 학장을 거쳐 현재 문화관광부 문화재위원회 부위원장 및 사적분과 위원장, 국사편찬위원회 위원, 한림대 한림과학원 특임 교수로 있다. 저서로는 『왕조의 설계자 정도전』, 『조선전기 사학사 연구』, 『조선후기 사학사 연구』, 『조선시대 신분사 연구』, 『정조의 화성행차 그 8일』, 『명성황후와 대한제국』, 『다시 찾는 우리 역사』, 『우리 옛지도와 그 아름다움』, 『역사학의 역사』 등 30여 권이 있다.

3. 작품소개

이 책은 조상들이 우리나라 지도를 어떻게 그렸고 사용해왔는지를 보여주는 책이다. 옛날 사람들이 지도에 담으려 했던 것이 무엇인지, 옛날 사람들은 어떠한 눈으로 세상을 바라보았는지를 다양한 지도를 통해 설명한다. 지도에 담긴 내용에서부터 지도를 그리는 방법, 지도의 종류, 지도의 아름다움을 설명하면서 실제 남아있는 지도 자료사진을 다양하게 제시하고 있다. 자료사진들은 각각을 설명글이 있어 각각의 지도에 대한 자세한 정보를 얻을 수 있다. 본문에 들어 있으면 자칫 지루해질 수 있는 옛 지도제작방법들을 따로 떼어 소개하고 있다.

4. 선정근거

이 책은 역사연구에 권위있는 전문가의 감수를 거쳤으며, 책을 쓰면서 참고한 자료들의 목록을 소개하여 책의 정보가 믿을만함을 알려준다. 그리고 책 곳곳에 과거의 여러 지도 사진을 첨부하면서 그 이름과 실제 크기를 명시하고 몇 년도에 제작된 것인지, 어디에 소장되어 있는 지를 정확히 기록하고 있어 아동이 지도의 실제 크기를 비교해볼 수 있고 실제로 찾아가 볼 수 있게 하였다.

이 책의 특징은 책의 중심이 되는 글과, 각 지도를 소개하고 특징을 설명하는 글이 서로 분리되어 있다는 점이다. 그래서 글의 내용에 해당되는 지도를 보는 것뿐만 아니라 그 지도 각각에 해당하는 세부적인 특징을 알 수 있어 지도에 대한 깊이 있는 탐색이 가능하다.

지구마을 길잡이 지리

1. 서지사항

제 목 : 지구마을 길잡이 지리(Cool Geography)
글 : 제인 글릭스먼(Jane Glicksman)
그 림 : 김휘승
옮 김 : 유정화
출판사 : 길벗어린이(2006년) / Price Stern Sloan(1998년)
ISBN : 89-5582-049-6

2. 작가소개

글작가 제인 글릭스먼은 어린이 실용서 전문 작가이다. 그녀는 어린 시절, 아버지와 함께 지도를 보곤 했는 데, 그런 날이면 어김없이 남극에서 적도까지 여행하는 꿈을 꾸었다고 한다. 지금은 자신보다 지구 마을에 대해 더 많이 알고 있는 멋진 딸과 함께 세상 곳곳을 여행하고 있다. 아직도 꿈속 여행을 하고 있으며 멋진 꿈속 지구탐험을 위해 매일 지도를 그려보고 지구에 대해 이야기하고 있다고 한다.

그림작가 김휘승은 시사만평을 전문으로 하는 만화가이다. 이 책에 그림을 그리기 위해 지리 공부를 열심히 했다고 한다. 〈시민의 신문〉, 〈뉴스 툰〉, 〈다산인권센터〉, 〈한국농

어민신문사〉 등에 사람들이 살아가는 이야기를 진솔하고 씩씩하게 그리고 있다.

옮긴이 유정화는 서강대 영문과를 졸업했고, 캘리포니아 올로니 칼리지와 얼바인 밸리 칼리지에서 문예창작코스를 밟았다. 지금은 영어 책을 우리말로 옮기는 일을 하고 있다. 『뉴욕 이야기』, 『검은 말 이야기』, 『세계 신화 속의 위대한 여신들 이야기』, 『오스카 와일드의 동화』, 『100년 후』, 『이스터 섬의 수수께끼』 등을 옮겼다.

3. 작품소개

이 책은 초등학교 고학년 아이들이 지리의 기본을 골고루 맛볼 수 있도록 한 지리 입문서이다. 호기심과 관찰력을 자극며 지리의 기본 내용들을 하나하나 짚어 볼 수 있게 하였다. 재치있는 일러스트와 이야기책처럼 편한 설명이 돋보이는 책이다. 지도를 이루는 기본 요소와 지도의 역사 등 지도란 무엇인지에서부터 세상을 발견한 사람들 이야기, 지각판이나 화산, 지진, 빙하 등 지리 및 자연 현상, 각 대륙의 자연·인문적 특징을 설명하고 있다.

4. 선정근거

지리 입문서로 지리책이 담고 있어야 할 내용을 체계적으로 보여주고 있다. 맥락을 이해하며 익힐 수 있게 잘 정리되어 있다는 인상을 준다. '홍미진진한 지리 탐구', '신기한 지리 이야기', '지리학자 명예 전당' 등의 코너를 통해 작지

만 재미있는 정보들도 담고 있다. 또 '대충 훑어 본 지리 역
사' 와 본문 하단의 '쪽수' 에 역사적인 사실을 표현하여 흥
미를 더하고 있다.

강전희 글·그림(2001), 한이네 동네 이야기, 진선출판사, .

김세원 글, 조경규 그림(2004), 지도로 만나는 세계 친구들, 뜨인돌 어린이.

김이경 글, 김수자 그림(2005), 인사동 가는 길, 파란자전거.

김재일 글, 강소희 그림(2006), 세상에 단 하나뿐인 지도, 디딤돌.

김향금 글, 최숙희 그림, 세상을 담은 그림, 지도(2004), 보림.

니콜라스 해리스 글, 게리 힝크스, 니키 팔린 그림, 고수미 옮김(2006), 울퉁불퉁 세계지도, 디딤
　　　돌.

닐 모리스 글, 다니엘라 데 루카 그림, 안효상 옮김(2005), 그림지도로 보는 세계의 고대문명, 다
　　　섯수레.

데버러 챈슬러 글·그림, 이충호 옮김(2005), 지도, 럭스키즈.

로렌 리디 글, 이지유 옮김(2003), 지구로 소풍가는 날!, 미래 M&B.

로렌 리디 글·그림, 박상용 옮김(2004), 초롱이와 함께 지도 만들기, 미래M&B.

로마 간스 글, 폴 미로차 그림(2004), 햇살과 나무꾼 옮김(2001), 새들은 어떻게 길을 찾을까, 웅진
　　　씽크빅.

박천홍 글, 이상규 그림(2006), 대동여지도, 서울문화사.

브누아 들라랑드르 글, 제레미 클라팽 그림, 이희정 옮김(2006), 어린이 아틀라스: 지도로 배우는 세
　　　계의 문화와 자연, 문학동네어린이.

소피 아망 글, 올리비에 라틱 그림, 김효림 옮김(2004), 나의 첫 세계여행, 계림북스쿨.

야노쉬 글·그림, 오석균 옮김(2001), 호야와 곰곰이의 세계지도여행, 계림북스쿨.

에릭 칼 글·그림, 이기경 옮김(2006), 수수께끼 생일편지, 더큰컴퍼니.

올리비에 소즈로 글, 세르쥬 세카렐리 그림, 길미향 옮김(2005), 나침반, 길벗어린이.

유리 슐레비츠 글, 조병준 옮김(2005), 800년 전의 세계 일주, 어린이 중앙.

이형권 글, 김정한 그림(2005), 어린이를 위한 우리나라 지도책, 아이세움.

자크 뒤케누아 글·그림, 조용희 옮김(2002), 길을 잃었어요, 작은책방.

제인 글릭스먼 글; 김휘승 그림, 유정화 옮김(2006), 지구마을 길잡이, 길벗어린이.

청동말굽 글, 낙송재 그림(2004), 세상을 보는 눈, 지도, 문학동네어린이.

킹피셔 편집부 지음, U&J 옮김(2005), 나의 첫 지도 여행, 계림북스쿨.

한스 아우구스토 레이 글, 이현주 옮김(2002), 숨은 별자리 찾기, 비룡소.

＃ V. 관련 활동

지구로 소풍가는 날

로렌 리디 글 · 그림 | 이지유 옮김 |
미래 M&B

· ·•활동 목표

1 지구의 모양을 알고 지구와 세계 여러 나라에 관심을 갖는다.

2 지구에는 대륙과 바다의 구별이 있음을 이해한다.

3 대륙별로 기후와 자연환경, 인종, 생활에 차이가 있음을 알고 관심을 갖는다.

필요한 자료 | 비디오 자료, 지구본, 세계지도, 세계 여러 나라의 백지도(인터넷에
서도 출력가능), 다양한 피부색으로 오린 얼굴모양 종이, 동물 모양 종이(찍기 틀
이나 동물 모양 도장 활용), 다양한 꾸미기 자료(사인펜, 색연필, 색종이 등)

1. 사전활동

1) 비디오 자료를 통해 지구의 모양을 살핀다.
   - 우주에서 지구를 내려다보는 장면이 삽입된 영화의
     한 부분을 보여준다. 멀리 우주에서 지구를 내려다보
     면 이러한 모습이라는 것을 알려준다.
2) 『지구로 소풍가는 날』을 읽는다.
   - 교사가 읽어주며, 필요에 따라서 실물 화상기를 이용
     하여 보여줄 수 있다.
3) 책을 읽은 후, '지구는 어떤 모양이었니?' 라고 질문을 하며
   이야기를 회상해본다.
   - 장면을 넘기며 주요한 단어나 이야기를 상기한다.

2. 본 활동

1) 지구본을 이용하여 지구의 모양을 살펴본다.
  - 형태, 색, 대륙의 생김, 우리나라의 위치, 우리나라 주변국의 위치, 어린이들이 알고 있는 나라의 위치 등
2) 지구본을 살펴보면서 가보고 싶은 나라를 선정한다.
  - 여행으로 가보았던 나라 중 좋았던 곳이나, TV 등으로 알게 되어 가보고 싶었던 나라 또는 지구본을 보고 어떤 나라인지 궁금해진 곳을 선정하도록 한다.
3) 각자 정한 나라에 대한 정보를 수집하여 책을 만든다.
  - 자신이 선정한 나라가 어떠한 대륙에 속하는지, 인종, 언어, 자연환경, 음식, 유적지, 문화 등은 어떠한지 조사한다.
  - 조사한 내용을 정리하여 책에 들어갈 내용을 선별한다.
  - 교사가 미리 준비해준 여러 나라 백지도, 여러 가지 색의 얼굴 모양 종이, 동물 모양 종이, 그리고 다양한 꾸미기 자료를 활용하여 책을 만든다.
  - 인터넷에서 찾은 사진이나 그림 자료를 활용할 수도 있다.
4) 모든 작업이 끝나면 작업한 것을 발표하고 전시한다.

3. 확장 활동

1) 세계지도 함께 만들기
  - 모둠별로 하나의 대륙을 맡아서 대륙의 모양선이 그려진 종이를 꾸민다.
  - 각 대륙의 특징과 인종, 나라, 자연환경 등의 자료를 찾아보고, 이에 근거하여 꾸밀 수 있도록 한다.

2) 가보고 싶은 나라 그래프 만들기
- 어린이들이 가보고 싶은 나라에 대해 생각해보고, 조사하는 시간을 갖는다.
- 어느 나라에 가고 싶은지, 왜 가고 싶은지 이야기를 나눈다.
- 비어있는 막대그래프 용지에 어린이들이 원하는 나라의 이름을 적고 그 위로 막대그래프를 채워나간다.
- 일 차시에 끝낼 수도 있지만, 몇 차시에 걸쳐서 또는 일과를 마치는 시간이나 다른 지도와 관련된 활동 전후에 도입과 마무리 활동으로 틈틈이 전개할 수도 있다.

4. 평가

1) K W L : 내가 알고 있는 것, 알고 싶은 것, 알게 된 것을 작성해본다.

내가 알고 있는 것	알고 싶은 것	알게 된 것

2) 평가 내용
- 지구의 모양과 세계 여러 나라에 대해 관심을 가지고 적극 탐구했는지 평가한다.
- 대륙별로 환경과 생활에 차이가 있음을 이해했는지 평가한다.
- 정보를 수집하고 정리하는 과정과 결과를 평가한다.

5. 함께 읽으면 좋은 책

- 울퉁불퉁 세계지도
  니콜라스 해리스 글 | 게리 힝크스, 니키팔린 그림 |
  디딤돌
- 호야와 곰곰이의 세계지도여행
  야노쉬 글 · 그림 | 계림 북 스쿨

6. 대상 연령 : 유치원부터

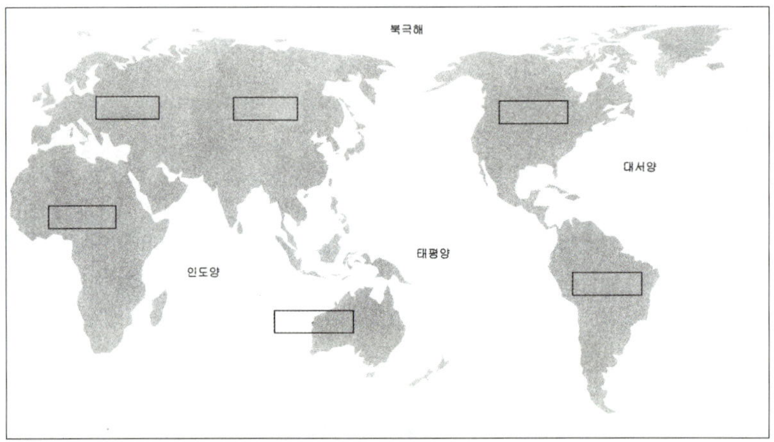

세계지도

참고 사이트(http://www. worldmap
finder.com)는 google의 세계지
도 검색기로 다양한 세계지도를
검색, 활용할 수 있다.

지도

· · **활동 목표**

1 기호와 척도의 개념을 이해한다.

2 다양한 척도의 지도가 있음을 안다.

3 자신이 만든 기호와 척도를 사용하여 직접 지도를 만들어 볼 수 있다.

필요한 자료 | 세계지도, 우리나라 대형 전도(문방구에서 구입가능), 학교가 위치한 마을 지도(인터넷에서 출력 가능), 놀이공원 지도(인터넷에서 출력 가능), 종이, 색연필, 자, 필기구

데버러 챈슬러 지음 | 이충호 옮김 |
럭스키즈

1. 사전활동

1) 다양한 척도의 지도를 살펴보고 어떤 정보를 얻을 수 있
   는지 이야기를 나눈다.
   • 세계지도와 우리나라 대형 전도를 보여주고 지도의
     크기와 실제 크기에 대해 이야기를 나눈다.
   예 우리나라 지도가 세계지도와 크기가 같은데 그러면
      우리나라가 정말 전 세계만큼 큰 것일까? 아니라면
      왜 똑같은 크기로 그렸을까?
   • 세계지도와 우리나라 대형 전도와 어느 것이 더 자세
     하게 그려졌는지 이야기를 나눈다.
   예 우리나라 지도에는 이렇게 도시가 많은데 왜 세계지
      도에 있는 우리나라에는 도시가 한 개 밖에 없을까?

2. 본 활동

1) 함께 『지도』를 읽어보고 책에 나온 척도에 대해 이야기
   를 나눈다.

2) 책에서 본 것처럼 교실지도를 그려본다.

   • 교실 안에 있는 물건들을 기호로 그려본다.
   • 척도를 어떻게 정할 수 있을지 이야기를 나눈다.
   예 교사가 한 걸음을 1cm로 줄인 지도를 미리 그려서
      보여준다(『지도』에 나온 예시).
   • 아동이 자유로운 방법으로 척도를 정하도록 한다. 그
     리고 그 척도를 다른 사람이 알아볼 수 있게 지도에
     표시하도록 한다.
   • 교실의 크기와 교실 안 물건들의 위치를 아이들이 직
     접 측정해본다.
   • 아이들이 정한 기호를 사용하여 측정한 내용을 종이
     위에 표시해본다.
   • 자기가 만든 지도를 다른 친구들의 지도와 비교해본다.

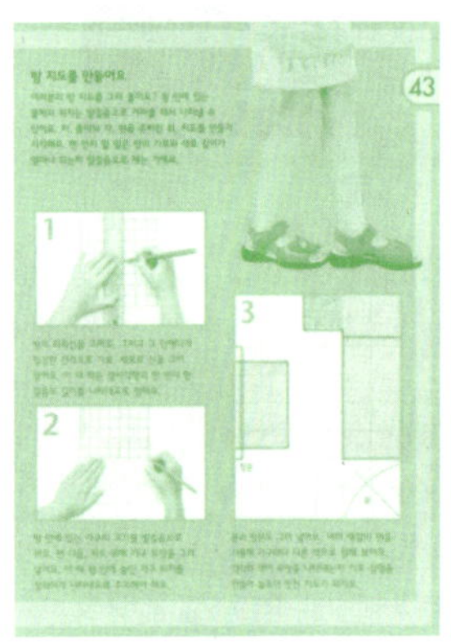

▶ 『지도』에서 나온 예시

3. 확장 활동

1) 『지도』에 나와 있는 것처럼 보물지도를 만들어 본다.

   • 종이를 손으로 마구 구겨 공 모양으로 만들고 나서 다
     시 평평하게 편다.
   • 녹색이나 갈색 포스터물감을 종이가 축축할 정도로
     듬뿍 칠한다. 쭈글쭈글한 종이 전체에 칠하고 마르도
     록 둔다.
   • 연필과 자를 사용해 종이 위에 격자 모양을 그려 넣는
     다. 선 사이의 간격은 모두 똑같아야 한다.
   • 무인도의 겉모양을 그려 넣는다.
   • 호수나 화산 같은 지형지물을 나타내는 그림도 한 두

개 그려 넣는다.
- 기호 설명과 함께, 북쪽을 가리키는 방위표시도 그려
  넣는다. 지도 가장자리는 어두운 색연필로 색칠하여
  오래 된 것처럼 보이게 한다.

4. 평가

1) K W L : 내가 알고 있는 것, 알고 싶은 것, 알게 된 것을
  작성해 본다.

내가 알고 있는 것	알고 싶은 것	알게 된 것

2) 평가내용
- 아동이 지도의 척도와 기호를 일관되게 사용하였는
  지 평가한다.
- 아동이 지도의 척도, 기호를 설명할 수 있는지 평가한다.

5. 함께 읽으면 좋은 책

- 세상에 단 하나 뿐인 지도
  김재일 글 | 강소희 그림 | 디딤돌
- 초롱이와 함께 지도 만들기
  로렌리디 글 · 그림 | 미래 M&B

6. 대상연령 : 초등 저학년부터

초롱이와 함께 지도 만들기

로렌 리디 글 · 그림 | 박상용 옮김
| 미래 M&B

· 활동 목표

1 지도를 그릴 때는 약속과 기호가 있음을 알고 사용할 수 있다.

2 축척을 이해하고, 실생활에서 활용해 볼 수 있다.

3 여러 가지 지도가 있음을 알고 만들어 볼 수 있다.

필요한 자료

활동 1 : 여러 가지 지도, 측정도구(줄자, 막대자, 등), 필기구, 종이

활동 2 : 여러 가지 종류의 지도(지역 안내도, 관광지도, 기관 안내도, 지하철 노선
도, 약도 등), 다양한 측정도구(줄자, 막대자, 곡선자, 만보기, 나침반 등),
사진기(폴라로이드 카메라, 디지털 카메라 등), 다양한 꾸미기 자료

1. 사전 활동

1) 여러 지도를 살펴보며, 지도에 나타나 있는 것들을 살핀
다(아동의 인원이 많을 경우에는 실물 화상기를 사용하
여 확대하여 볼 수 있다).
 • 책에서 소개될 지도의 제목, 보기, 기호, 축척, 방위
도, 이름 등을 살핀다.

2. 본 활동

 1

1) 『초롱이와 함께 지도 만들기』를 읽는다.

- 책은 교사가 읽어준다.
- 가능하면 실물 화상기 등을 사용하여 부분 부분을 확대하여 자세히 살펴본다.
- 책의 내용 중 특히 제목, 보기, 기호, 축척, 방위도, 이름 등 지도에 대한 개념을 알아본다.

2) 축적에 대해 이야기를 나눈다.

- 11페이지의 축척을 살펴본다. 3cm로 그려져 있는데, 60cm라고 기록되어 있다. 이는 실제로 60cm인 것을 지도상에서는 3cm로 축소하여 나타낸 것임을 이해한다.

3) 지도상의 물건의 길이를 유추해본다.

- 방문(또는 침대 / 책꽂이 등)의 실제 길이는 얼마일까?
- 책의 다른 페이지에 나타난 지도나 실제 사용되는 다른 지도 등을 보면서도 실물의 길이를 유추해본다.

4) 우리 주변의 여러 가지 물건을 일정한 비율로 축소하여 표시해본다.

- 10cm를 1cm로(40cm를 5cm로/ 1m를 2cm로 등) 축소하여 그려본다.

활동 2

1) 여러 가지 주제도가 있음을 소개한다.

- 관광 안내도, 지역 안내도, 지하철 노선도, 기관 안내도, 약도 등

2) 모둠별로 의논하여 하나의 주제를 선정한다.
- 우리 학교, 학교 오는 길, 우리 동네 공공 기관, 우리 동네에서 어린이들이 안전하게 놀 수 있는 곳, 우리 동네 시장, 도서관, 공원 등 하나의 주제를 정한다.

3) 모둠별로 정한 주제에 따라 지도를 만든다.
- 알아보아야 할 것을 토론하며 견학을 계획한다.
  (길이는 어떻게 측정할 것인가? 방위는 어떻게 측정할 것인가? 무엇을 볼 것이라고 기대하는가? 어떠한 것을 중점적으로 살펴볼 것인가? 기호는 어떻게 만들 것인가? 어떠한 방법으로 지도를 만들 것인가? 등)
- 예상되는 지도를 간략하게 만들어본다.
- 계획한 견학을 실시한다.
- 견학하면서 사진을 찍어 자료로 남기고 기록한다.
- 견학 후, 답사한 사항을 정리하는 시간을 갖는다.
- 정리한 사항을 활용하여 주제도를 만든다. 견학 시 찍었던 사진을 붙이고 설명도 덧붙이도록 한다.

4) 모둠별 주제도를 소개하고, 전시한다.

2. 확장 활동

1) 측정하기 활동
- 임의의 단위를 사용하여 측정한 경우와, 측정도구를 이용하여 측정한 경우를 비교해 볼 수 있다.
- 임의의 단위로는 한 뼘, 손바닥, 발바닥, 한 걸음, 연필, 막대기 등이 있다.
- 교실의 물건 등 여러 가지를 재본다.

2) 축척을 이용하여 평면도 그리기
- 우리 집, 내 방, 우리 교실 등의 평면도를 그리는데, 실제 길이를 줄자 등으로 측정한 후, 일정한 비율로

축소하여 그린다. 축척도 표시하도록 한다.

3) 친구들이 만든 주제도를 가지고 견학하기
- 친구들이 만든 주제도를 들고 직접 견학에 나선다. 견학 후 좋았던 점과 보충하면 좋을 것 같은 점 등에 대해 이야기를 나눈다.

3. 평가

1) K W L : 내가 알고 있는 것, 알고 싶은 것, 알게 된 것을 작성해 본다.

내가 알고 있는 것	알고 싶은 것	알게 된 것

2) 평가 내용
- 지도의 약속과 기호를 이해했는지 평가한다.
- 축척을 이해하였는지, 일정한 비율로 물건을 축소하여 그릴 수 있는지 평가한다.
- 모둠원들이 협동하여 적절하게 그리고 창의적으로 주제도를 그렸는지 평가한다.

4. 함께 읽으면 좋은 책

- 세상을 담은 그림 지도
  김향금 글 | 최숙희 그림 | 보림

• 세상에 단 하나 뿐인 지도

김재일 글 | 강소희 그림 | 디딤돌

• 인사동 가는 길

김이경 글 | 김수자 그림 | 파란 자전거

5. 대상 연령 : 초등 저학년부터

한이네 동네 이야기

강전희 지음 | 진선 출판사

· 활동 목표

1 내가 사는 동네에 대해 관심을 갖고 자세히 알아본다.

2 우리 동네의 그림지도를 그릴 수 있다.

3 우리 동네 이야기 꾸미기를 통해 사고력을 키울 수 있다.

4 내가 살고 싶은 동네를 꾸며봄으로써 창의성을 기를 수 있다.

필요한 자료 | 우리 동네 지도(인터넷이나 지도책에서 동네 지도를 구할 수 있다), 디지털 카메라, 전지, 필기도구,

1. 사전 활동

1) 우리 동네에 대해 이야기를 나눈다.
- 우리 동네에서 볼 수 있는 것들에 대해 이야기를 나눈다.
- 집에서 지금 있는 곳까지 보았던 것을 이야기를 나눈다.

2. 본 활동

1) 『한이네 동네 이야기』를 읽는다.
- 교사가 책을 읽어줄 때 그림을 자세히 살펴본다.

• 한이네 동네에서 볼 수 있는 것들과 우리 동네에서 볼 수 있는 것에 대해 비교하며 이야기를 나눈다.

2) 우리 동네 지도를 살펴 본 후 동네 나들이를 나간다.
   • 동네 지도를 펴고 무엇이 어디에 있는지 자세히 살펴 본다.
   • 책의 첫 문장인 "똘아 우리 밖에 나가 놀까?" 처럼 " ○○아, ○○아, 우리 밖에 나가볼까? 어디에 가볼까? 안 가본 곳은 어디야? 새로운 곳에 가볼까?" 라는 질문으로 어린이의 호기심을 자극하며 동네 나들이를 나간다.
   • 우리 동네를 살펴보며 동네 지도에 표시해 보고, 지도에 나타나지 않은 부분은 기호로 그리거나 글로 써넣는다.
   • 동네 나들이 과정을 디지털 카메라로 찍어둔다.
   • 디지털 카메라로 동네 나들이 과정에서 본 도로, 표지판, 건물, 사물 등도 찍어둔다.

3) 사진을 활용해 동네 지도를 만들어 본다.
   • 동네 나들이 후 사진을 출력한다.
   • 전지를 준비하고 대도로를 그려 넣는다.
   • 대도로를 중심으로 건물간의 위치를 파악하여 전지에 사진을 붙인다.
   • 사진 자료에 없는 것은 그림으로 그려 넣어 완성한다.

4. 확장 활동

1) 내가 살고 싶은 상상의 동네 지도를 만들어 본다.
   • A4 용지, 전지, 여러가지 상자나 블록, 필기도구, 꾸미기 재료, 잡지사진이나 그림 자료 등을 준비한다.
   • 살기 좋은 우리 동네를 만들려면 어떤 것들이 있어야

하는지 생각하고 이야기 나눈다.

- 자신이 원하는 상상의 동네에 대한 밑그림을 A4용지에 미리 그려보게 한다.
- 자신의 마음에 드는 상자나 블록의 모형물을 선택한다.
- 전지 위에 도로를 먼저 구상하여 그린다.
- 전체 모형물을 세울 위치를 정하고, 모형물의 바닥 윤곽을 그 위치에 대고 그린다(미리 붙여 버리면 나중에 수정하기가 어렵다).
- 다른 모형물이나 블럭도 제 위치를 찾아 그림으로 그린다.
- 다 그려진 평면도를 보고 자신이 원하는 대로 구성되었는지 점검한다.
- 수정작업을 거친다.
- 마지막으로 모형물을 붙인다.
- 아동이 작업하는 과정을 사진으로 찍어둔다. 멋진 모형 동네가 완성되면 사진으로 찍고, 사진을 이용하여 보고서를 작성해 본다.

5. 평가

1) K W L : 내가 알고 있는 것, 알고 싶은 것, 알게 된 것을 작성 해본다.

내가 알고 있는 것	알고 싶은 것	알게 된 것

2) 평가내용
- 동네 지도를 이해하며 읽을 수 있었는지 평가한다.
- 동네 나들이를 통해 동네의 그림지도를 정확히 꾸밀 수 있었는지 평가한다.
- 내가 살고 싶은 동네를 창의적으로 꾸몄는지 평가한다.

6. 함께 읽으면 좋은 책

- 초롱이와 함께 지도 만들기
  로렌 리디 글·그림 | 미래 M&B
- 인사동 가는 길
  김이경 글 | 김수자그림 | 파란 자전거

7. 대상 연령 : 초등 저학년부터

새들은 어떻게 길을 찾을까

로마 간스 글 | 폴 미로차 그림 |
햇살과 나무꾼 옮김 | 웅진씽크빅

• 활동 목표

1 철새들이 이동하는 이유를 이해한다.

2 철새들의 이동 과정을 통해 길 찾는 법을 안다.

3 자연환경과 생물의 서식지와의 관계를 안다.

필요한 자료 | 세계 지도, 우리나라 지도, 우리나라 기후도(서리와 봄소식, 기온)
및 식생도(냉대림, 온대림, 난대림), 새에 관한 참고서적, 나만의 책 만들기 용지,
꾸미기 자료

1. 사전 활동

1) 위치와 시간에 따른 기온에 대해 이야기를 나눈다.

- 햇빛이 비추는 곳에 있을 때와 그늘에 있을 때 온도가
  어떤 것 같니?
- 한 낮에 해가 머리 위에서 비출 때와 저녁 무렵 해가
  뉘엿뉘엿 지고 있을 때 기온은 어떤 것 같니?
- 낮과 밤의 기온은 어떤 것 같니?

2) 기후에 따라 서식하는 생물이 다를 수 있음에 대해 이야
  기를 나눈다.

- 봄에 우리는 어떤 동물과 식물을 보니?
- 겨울잠을 자는 동물에는 어떤 동물이 있니?
- 왜 특정 계절에만 그 동물과 식물을 볼 수 있는 걸까?

2. 본 활동

1) 『새들은 어떻게 길을 찾을까』의 그림을 보고 이야기를
   예측해본다.
   - 처음부터 끝까지 그림을 본 다음 어떤 이야기인지 유
     추해보고 제목을 붙여본다.
   - 한 페이지씩 넘기면서 어떤 장면인지 예측해본다.

2) 함께 책을 읽고 이야기를 나눈다.
   - 다 같이 소리 내어 책을 읽는다.
   - 그림을 보고 한 예측이 가장 잘 맞은 페이지와 가장
     어긋난 페이지는 어디인지 살펴본다.
   - 새롭게 알게된 내용이나 가장 흥미로웠던 부분에 대
     해 이야기를 나눈다.

3) 나만의 책 만들기를 소개한다.
   - 책 만들기 용지를 제시한다.
   - 다음의 순서대로 이야기를 나누고, 각 페이지를 채워
     나간다.
   ① 표지
      - 책과 똑같은 제목 또는 창의적인 아이디어로 새롭
        게 만든 제목을 적는다.
      - 자신의 이름을 적고, 표지를 꾸민다.
   ② 첫 번째 장 : 새들의 이동 과정에 대해 이야기 나누고
      이동경로를 표시해 본다.
      - 새들이 이동하는 계절은 언제인가?
      - 새들은 왜 그 때 이동하는가?
      - 새들은 어디로 이동하는가?
      - 새들의 이동 경로를 세계 지도 위에 표시해본다.
   ③ 두 번째 장 : 새들이 길을 찾는 방법에 대해 알아본다.
      - 새들은 무엇을 길잡이로 방향을 찾을까?
      - 해나 별이 뜨지 않은 흐린 날에는 어떻게 방향을 찾

을까?

④ 세 번째 장 : 조류학자들이 새들의 이동 경로를 추적
하기까지의 과정에 대해 알아본다.

• 처음에는 새들의 겨울나기에 대해 어떻게 생각했는
가?

• 새들의 이동 사실을 알고 난 후 이동경로를 추적하
기 위해 어떤 방법을 사용했는가?

• 조류학자들이 사용한 실험 방법의 장점은 무엇인가?

4) 어린이들이 만든 나만의 책을 전시하여, 서로의 작품을
보며 의견 교환을 할 수 있도록 한다.

▶ 책 만들기 예

※ 나만의 책 만들기 용지의 예

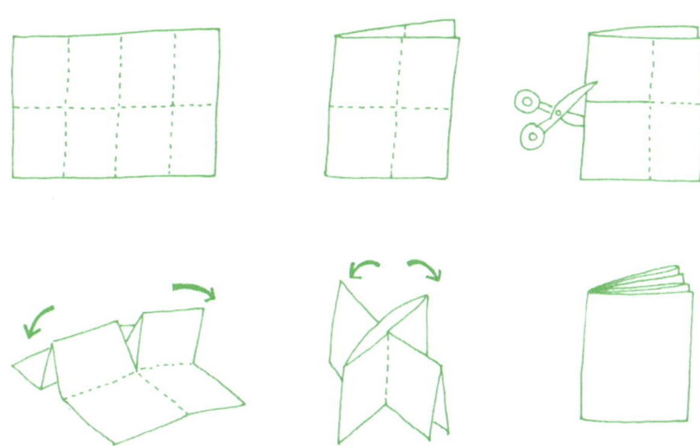

3. 확장활동

1) 학교 교문에서 교실까지의 상세 지도를 그려본다.

• 운동장에 서서 어느 쪽이 동(/서,남,북)쪽인지 탐색해
보고, 이야기를 나눈다.

• 나침반을 통해 방위를 확인한다.

• 이 과정을 통해 학교 건물은 어느 쪽을 향해 있는지,

또 학교 교문은 어느 쪽으로 나 있는지 확인해본다.

- 위의 사실을 토대로 교문에서 교실까지의 상세 지도를 그려본다.

2) 하나의 문제를 정하고 그것을 해결하기 위한 방안을 모색해본다.

- 조류학자들의 문제 해결과정을 추적해본 다음, 그룹별로 한 가지 문제를 정한다.
- 문제를 해결하기 위한 절차를 계획해보고 1주일 이내에 계획서를 제출한다.
- 2주일 후 그 계획서의 타당성 여부를 평가한 평가서를 제출한다.
- 평가서에는 문제해결 계획서의 합당한 근거를 제시하도록 한다.

4. 평가

1) K W L : 내가 알고 있는 것, 알고 싶은 것, 알게 된 것을 작성해 본다.

내가 알고 있는 것	알고 싶은 것	알게 된 것

2) 평가 내용

- 새들이 이동하는 이유를 이해하였는지 평가한다.
- 철새들이 이동하며 길을 찾는 방법을 이해하였는지 평가한다.
- 책 만들기에 적당한 정보를 실었으며, 창의적으로 표현하였는지 평가한다.

5. 함께 읽으면 좋은 책

- 새

  캐롤라인 아놀드 글 | 패트리샤 J. 윈 그림 | 길벗어린이
- 세상의 낮과 밤

  발레리 기두 글 | 레지 팔레르 외 그림 | 아이세움
- 로빈슨 크루소와 숲에서 탈출하기

  황근기 글 | 백명식 그림 | 행복한 아이들
- 지구의 봄 여름 가을 겨울

  발레리 기두 글 | 올리비에 라틱 외 그림 | 아이세움

6. 대상 연령 : 초등 중학년부터

나침반

올리비에 소르조 글
| 세르쥬 세카렐리 그림
| 길미향 옮김 | 길벗어린이

· · · 활동 목표

1 방위를 알고, 방위의 쓰임을 이해한다.

2 방위를 찾는 방법을 알고, 사용할 수 있다.

3 방위가 지도에 표시되는 방법을 이해하고, 표시할 수 있다.

필요한 자료 | 나침반, 방위가 표시된, 여러 가지 지도, 필기구

1. 사전활동

1) 나침반을 살펴보고 그 쓰임에 대해 이야기를 나눈다.

- 이건 무엇일까? 전에 본 적이 있니? 어떻게 사용할까?

2) 방위표에 대해 이야기를 나눈다.

- 지도에 표시되는 방위표를 그리고 본 적이 있는지, 어디서 보았는지, 어떤 역할을 하는지 아는 대로 이야기하고, 또 추측해보게 한다.

- 이 표시를 본 적이 있니? 어떻게 생겼니? 무엇을 말하는 걸까?

2. 본 활동

1) 『나침반』을 선택적으로 읽는다.

- 8~9쪽 "길잡이가 되었던 별"과 12쪽부터 17쪽까지에 나오는 "초기의 나침반, 칼라미트", "물이 없는 건조 나침반", "방위 표시도를 붙인 항해 나침반"의 부분을 중심으로 함께 읽는다.

2) 방위에 대해서 알아본다.

- 어느 쪽이 북쪽인지 알고 있니? 남쪽은? 동쪽은? 서쪽은?
- 나침반으로 알아볼까? 나침반의 바늘이 가리키는 곳이 어느 쪽이니? 그럼, 나머지 방위는 어떻게 알아볼까?
- 북쪽을 바라보고 양 팔을 벌리면 오른쪽 손이 동쪽이고, 왼손은 서쪽을 가리키게 되며, 등은 남쪽을 향한다는 것을 이해하고, 그림지도에 방위 표시를 넣는다.
- 종이 가운데에 자기 모습을 그린다.
- 지금 내가 위치한 곳의 동쪽, 서쪽, 남쪽, 북쪽에 있는 건물, 자연물 등을 그려 넣는다(활동지 1 부록 참조).

▶ 동서남북 찾기

3. 확장 활동

1) 자기장 실험하기

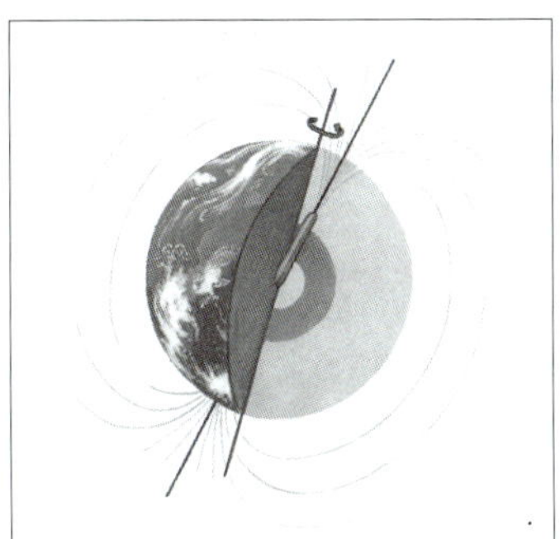

- 종이 위에 철가루를 뿌리고 종이 바로 밑에 자석을 놓

는다.
- 철가루가 자석의 자기장을 따라 종이 위에 독특한 모양을 그리며 퍼져 가는 모습을 관찰한다.

2) 나침반 만들기

- 책에 소개되어 있는 방법으로, 초창기 나침반인 칼라미트를 만들어본다.
- 준비물 : 쇠 바늘, 자석, 나침반(기준으로 사용할 나침반), 부표(물에 뜨는 물건), 물 그릇
  ① 자석의 북극과 남극을 구별한다. 자석을 나침반에 대어 북침이 자석에 밀려나면 북극이고, 북침이 자석에 끌려가면 남극이다. N자와 S자를 써서 자석의 북극과 남극을 표시한다.
  ② 자석의 남극(S극) 쪽에 바늘 반쪽을 가운데서부터 여러 번 문지른다. 마찰이 일어난 바늘 부분이 북쪽을 가리킬 수 있게 된다. 똑같이 바늘의 다른 반쪽을 자석의 북극(N극)쪽에 문지른다.
  ③ 물 그릇 안에 부표를 띄운다. 부표는 두 조각의 지푸라기, 물에 뜨는 식물 줄기, 그림과 같은 사각 종이 등으로 만들면 된다. 부표 위에 바늘을 놓는다.
  ④ 바늘이 충분히 자기를 띠면 바늘은 남북을 향하게 된다. 이제 칼라미트가 완성된 것이다.

4. 평가

1) K W L : 내가 알고 있는 것, 알고 싶은 것, 알게 된 것을
   작성해본다.

내가 알고 있는 것	알고 싶은 것	알게 된 것

2) 평가 내용
   - 책을 읽을 때의 태도와 방위에 대한 이해 정도를 평가
     한다.
   - 활동에 참여하는 적극성을 평가한다.

5. 함께 읽으면 좋은 책

   - 101 놀라운 과학실험
     닐 아들리 | 한국 시청각

6. 대상 연령 : 초등 중학년부터

세상을 담은 그림, 지도

김향금 글 | 최숙희 그림 | 보림

· · 활동 목표

1 지도가 만들어진 과정과 지도 그리는 원리를 이해한다.

2 지도의 다양한 쓰임새를 안다.

3 옛 지도와 현재의 지도를 비교할 수 있다.

필요한 자료 | 막대, 나침반, 전지, 풀, 가위, 필기도구, 지하철 노선도, 등산 안내도, 놀이공원 안내도 등 다양한 지도.

1. 사전 활동

1) 지도의 필요성과 쓰임에 대해 이야기를 나눈다.

- 모르는 곳을 찾아갈 때 무엇이 필요할까?
- 옛날 사람들은 모르는 곳을 찾아 갈 때 무엇을 사용했을까?
- 길을 잃지 않으려면 어떠한 것이 필요할까?
- 옛날 사람들은 길을 잃지 않기 위해 어떤 표식을 사용했을까?

2. 본 활동

1) 『세상을 담은 그림, 지도』를 함께 읽고 이야기를 나눈다.

- 그림책의 내용을 사전활동을 기초로 생각해보고 이
  야기를 나눈다.

2) 옛 사람이 되어 옛사람들과 같은 방식으로 지도를 그려
  본다.
  - 방위
    ① 나무 막대를 땅에 꽂고 동서남북을 알아본다.
    ② 밤하늘 별자리에서 북극성 찾아보고 나침반의 방
      위와 똑같은지 확인해본다.
  - 축척
    ① 거리를 재어 표시해 본다 : 발걸음 수로 재어 거리
      를 표시하고, 다시 줄과 자로 거리를 재어 보아 그
      줄인 정도가 같은 지 알아본다.

3) 지도의 역사를 알고 현재 지도의 의미를 되새긴다.
  - 수원에 있는 이모 댁에 찾아가려면 어떤 지도가 필요
    할까?
  - 우리 교실 지도를 그리려면 무엇이 필요할까?
  - 지도를 그린 사람과 지도를 보는 사람 사이엔 어떤 약
    속이 필요할까?
  - 내가 본 지도들, 내가 만들고 싶은 지도는 무엇인가?
  - 지하철 노선도, 학교 시설 안내도, 등산 안내도, 놀이
    공원 안내도 등에서 바꾸어 보고 싶은 것은 무엇인가?

4) 옛 지도와 현재 지도의 다양한 쓰임새를 비교하여 보고,
  차이점과 공통점을 알아본다(활동지 2 부록 참조).

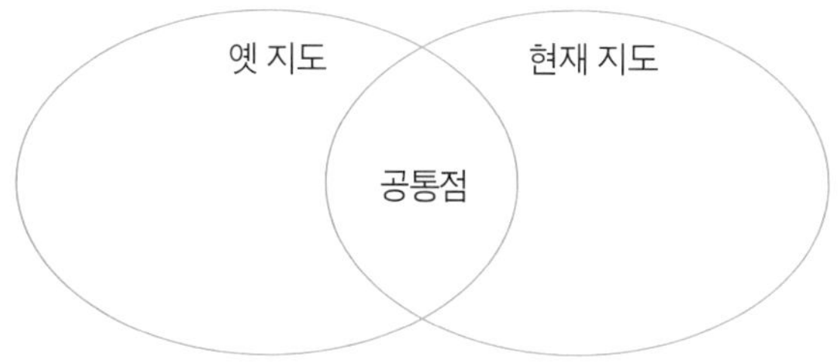

3. 확장 활동

1) 옛 지도에서 독도를 찾아본다.
- 다양한 방법을 통해 옛 지도를 찾아본다.
- 인터넷, 지도 관련 책에 나와 있는 옛 지도를 보고 비교해 본다.
- 독도가 우리 땅이라고 확실하게 표시된 지도를 찾아본다.
- 왜 일본은 동해를 일본해라고 우기는지 이야기를 나눈다.
- 그 근거는 무엇인지, 어떤 옛 지도를 근거로 주장하는지 찾아보고 토론해 본다.
- 우리가 우리의 지도를 세계에 알리는 일이 왜 필요한지 이야기를 나눈다.

2) 전쟁에서 지도가 중요한 역할을 하였던 점에 대해 이야기를 나눈다.
- 김좌진 장군의 청산리 대첩 지도, 이순신 장군의 명량 대첩 지도를 보고 이야기를 나눈다.
- 청산리 대첩이 승리 할 수 있었던 원인에 대해 지도를 보고 이야기를 나눈다.
- 이순신 장군이 승리 할 수 있었던 원인에 대해 지도를 보고 이야기를 나눈다.

4. 평가

1) K W L : 내가 알고 있는 것, 알고 싶은 것, 알게 된 것을
   작성 해본다.

내가 알고 있는 것	알고 싶은 것	알게 된 것

2) 평가 내용
   - 지도가 만들어진 과정과 지도를 그리는 원리를 이해
     했는지 평가한다.
   - 옛 지도와 현재 지도의 차이점과 공통점을 찾아낼 수
     있었는지 평가한다.

5. 함께 읽으면 좋은 책

- 독도 하늘에 태극기 휘날리며(홍순칠과 독도 수비대)
  정해왕 글 | 뜨인돌 어린이

6. 대상 연령 : 초등 중학년부터

어린이를 위한 우리 나라 지도책

이형권 글 | 김정한 그림
| 아이세움

· 활동 목표

1 지도를 통해 우리나라의 모습을 살펴본다.

2 우리나라의 각 지역의 구분을 알고, 그 지역의 특색을 이해한다.

필요한 자료 | 우리나라 전도, 우리나라 각 지역 알기 Sheet, 필기구, 인터넷 사용이 가능한 컴퓨터, 우리나라와 관련된 책이나 그림 자료 등

1. 사전활동

1) 우리나라의 각 지역에 대한 이야기를 나눈다.

- 우리나라의 지역은 어떻게 나뉘어 있는지 알고 있니?

- 우리가 살고 있는 지역의 이름은 무엇일까?

- 우리가 살고 있는 지역은 어떤 곳일까?

- 우리가 살고 있는 지역 이외에 좋아하는 곳이나 다른 친구들에게 이야기를 해주고 싶은 곳이 있니? 여행 갔던 곳, 이사 오기 전에 살던 곳, 할아버지, 할머니나 사촌들이 사는 곳, 친구가 이사 간 곳 등 그 곳은 어떤 곳이니?

2. 본 활동

1) 우리나라 각 지역에 대해 알아본다.

• 활동은 모둠별로 서로 협동하여 좀 더 많은 자료를 공유하고, 또 짜임새 있게 정리하도록 한다(활동지3 부록 참조).

2) 모둠원들과 자신이 알고 있는 지역과 그 지역에서 가본 곳, 그 곳에서의 추억이나 알고 있는 각 지역의 특색에 대해 이야기를 나누며 사전에 알고 있던 정보를 공유한다.

   • 공유한 정보를 **우리나라 각 지역 알아보기** 용지에 정리하여 적는다.

3) 모둠별로 알고 있는 것 이외에 더 알고 싶은 것이 있는지 이야기를 나눈다.

   • 각 지역에서 부족한 것이나 궁금한 것의 목록을 정리해본다.

   • 첫 번째 세로 줄, '분류'에 알고자 하는 내용의 목록을 정리하여 기록한다.

4) 모둠별로 함께 『어린이를 위한 우리나라 지도책』을 읽는다.

   • 차례를 보고 각자 자신이 소리 내어 읽을 부분을 정하고, 또박 또박 읽는다.

5) 책을 읽으며 알게 된 내용을 정리한다.

   • 알고자 했던 것의 목록에 해당하는 내용을 찾아 정리한다.

   • 책을 읽기 전에는 몰랐지만, 읽으면서 알게 된 내용 중에서 중요한 것이나 흥미로웠던 것 등을 정리하여 기록 한다.

6) 가능하면 각 지역의 특징을 한눈에 보기 좋게 표로 정리한다.

   • 여러 가지 참고 자료나 사진 자료를 이용할 수 있다.

7) 모둠별로 작업이 모두 끝나면, 함께 모여서 활동 중 재

미있었던 점, 새롭게 알게 된 점, 또 어려웠던 점에 대해
이야기를 나누며 활동을 마무리한다.

3. 확장활동

1) 책에서 소개하는 곳으로 현장학습 떠나기
- 책에서 소개하고 있는 곳으로 현장학습을 계획하고
  떠난다. 준비물을 챙기는 등 준비의 과정부터 여정까
  지를 기록하여 여행기를 작성해 보아도 좋다.

2) '기와밟기' 노래와 놀이
- 우리나라 전래동요인 '기와밟기'를 배우고, 또 '기와
  밟기' 놀이를 한다.
- '기와밟기'는 팔월 한가윗날 밤이나 정월 대보름에
  부녀자 또는 여아들이 했던 놀이로 강강술래의 부속
  놀이 중 하나이다. 특히 '기와밟기' 놀이는 옛날 왕과
  공주가 난리를 만나 피난을 가던 중 하천을 건너게 되
  었을 때, 공주의 발이 젖지 않도록 마을 소녀들이 등
  을 굽히고 그 위를 공주가 밟고 건너게 한 데서 비롯
  되었다고 한다.

- 기와밟기 노래 부르기

1. 어디골 기-완-가 장자골 기와-지 / 몇 단냥 주-었-나 석닷 냥 주었지
2. 어디골 기-완-가 전라도 기와-지 / 몇 단냥 주-었-나 열닷 냥 주었지
3. 어디골 기-완-가 경상도 기와-지 / 몇 단냥 주-었-나 스물 닷 주었지
4. 어디골 기-완-가 함경도 기와-지 / 몇 단냥 주-었-나 서른 냥 주었지
5. 어디골 기-완-가 충청도 기와-지 / 몇 단냥 주-었-나 마흔 냥 주었지
6. 어디골 기-완-가 평안도 기와-지 / 몇 단냥 주-었-나 쉰 -냥 주었지
7. 어디골 기-완-가 경기도 기와-지 / 몇 단냥 주-었-나 예순 냥 주었지
8. 어디골 기-완-가 강원도 기와-지 / 몇 단냥 주-었-나 일흔 냥 주었지

(노래는 계속해서 이어갈 수 있다)

- '기와밟기' 놀이

① 놀이를 하는 사람이 모두 일렬로 선 다음 허리를 끌어안고 고개는 앞사람의 엉덩이 왼쪽에 댄다.

② 그 중에서 한 사람을 공주로 선정하여 구부린 사람들의 등위로 올라서게 하고 그 양쪽에는 시녀가 각각 한 사람씩 붙어서서 올라선 사람의 손을 잡고 부축해 준다.

③ 등 위로 올라간 사람이 지나가며 '어디골 기완가' 하고 노래 부르면 엎드린 사람들이 '장자골 기와지' 하고 노래한다. 공주가 등을 밟고 지나친 사람들이 다시 앞쪽으로 가서 기와가 끊어지지 않도록 한다. 노래는 등 위에 올라간 사람이 맨 앞에 올 때까지 계속된다.

- 많은 사람이 하기 위해서는 두 편으로 나누어 경기를 한다. 경기를 하는 방법은 다음과 같다.

① 먼저 양 편의 숫자를 똑같이 하여 각각 한 줄로 늘어선다. 다리를 건널 한 사람과 보조자 두 사람을 골라내고, 나머지는 허리를 굽히고 등을 구부려 건너가도록 한다.

② 준비 신호가 있으면 다리를 건널 사람은 두 사람의 부축을 받아 맨 뒷사람의 등에 서서 출발 신호를 기다린다.

③ 출발 신호가 떨어지면 두 사람의 부축을 받아 등을 밟고 건넌다.

④ 다 건너면 맨 앞에서 다시 다리를 만들고, 부축했던 두 사람은 맨 뒤쪽으로 가서 계속해서 한 사람씩 건넌다.

⑤ 전원이 먼저 한 번씩 다리를 건넌 편이 이긴다.

4. 평가

1) K W L : 내가 알고 있는 것, 알고 싶은 것, 알게 된 것을 작성해 본다.

내가 알고 있는 것	알고 싶은 것	알게 된 것

2) 평가 내용
- 우리나라 각 지역에 관심을 갖고 탐구하는 태도를 평가한다.
- 모둠원들과 협력하여 각 지역의 특색을 탐구하였는지, 적절한 내용을 기록하였는지 평가한다.

5. 함께 읽으면 좋은 책

- 지도로 만나는 우리 땅 친구들

  전국지리교사모임 | 조정규 그림 | 뜨인돌어린이
- 세상을 보는 눈, 지도

  청동말굽 글 | 낙송재 그림 | 문학동네어린이

6. 대상 연령 : 초등 중학년부터

인사동 가는 길

• 활동 목표

1 우리의 생활 문화와 풍습의 역사적 변천을 안다.

2 지역 사회의 분류와 위치의 개념을 안다.

3 지역 사회의 특징을 이해하고 소개하는 경험을 갖는다.

필요한 자료 | 종이, 펜, 색종이, 색연필, 여러 화가의 그림 자료, 관광 안내지, 인사동과 관련된 인터넷 자료

김이경 글 | 김수자 그림 |
파란 자전거

1. 사전 활동

1) '인사동' 에 대하여 이야기를 나눈다.

- 인사동에 대해 들어본 적 있니?

- 인사동은 어디에 있는 동네일까?

- 인사동에 가본적 있니?

- 인사동은 어떤 곳이니?

- 인사동에 가면 무엇을 볼 수 있을까?

2) 인사동의 유래에 대하여 알아본다.

- 다른 책이나 관광 안내지, 인터넷 등에서 조사해본다.

- 인사동을 찍은 사진 자료를 살펴본다.

2. 본 활동

1) 면지에 그려진 지도를 보면서 인사동에 있는 가게를 분류해 보고 그래프로 나타내 본다(활동지 4 부록 참조).
2) 책을 함께 읽어본 뒤 책의 내용에 대해 이야기를 나눈다.
- 『인사동 가는 길』에 나타난 계절에 대해 알아본다.
- 필방에서 볼 수 있는 것들이 어떤 것들이 있었는지 이야기를 나눈다.
- 한지로 만든 물건들은 어떤 것들이 있는지 알아본다.
  예 부채, 반짇고리, 창호지, 연 / 닥종이로 만든 인형전 관람 경험 등
3) 인사동에 있는 독특한 가게 이름들을 알아보고 가게 이름 사전을 만들어 본다.
4) 인사동의 특징이 무엇인지 이해하고, 외국 친구에게 인사동을 소개하는 글을 써 본다(소개하는 글에는 친구가 찾아올 수 있도록 약도나 교통편도 함께 알려준다).

3. 확장 활동

1) 내가 살고 있는 도시나 동네에서 외국친구에게 소개하고 싶은 곳을 찾아 소개하는 글을 써본다(소개하는 글에는 친구가 찾아올 수 있도록 약도나 교통편도 함께 알려준다).
2) 『인사동 가는 길』의 면지에 나와 있는 지도를 가지고 직접 인사동을 답사해 본다.
3) 내가 유명한 화가가 되어 인사동에 그림을 전시한다면 어떤 그림을 전시할 것인지 생각해보고 유명한 화가의

그림에 나온 소재들을 따라 그려본다.

　　예 장욱진의 그림에 나온 해, 달, 까치, 소 등의 소재로
　　　 그려보기, 이중섭의 그림에 나온 황소처럼 그려보
　　　 기, 김기창의 그림에 나온 말처럼 그려보기 등

4) 안내판을 만들어본다(거리 이름 지어 안내판 만들기).

　① 자신이 살고 있는 동네와 주변에 걸맞은 '거리 이름'
　　을 떠올려본다.

　• 동 이름이나 아파트 이름, 주변의 자연 환경, 특징, 사
　　는 사람 등을 생각하여 되도록이면 많이 적는다.

　② 가장 적절하다고 생각하는 이름으로 정한다.

　③ 준비해온 하드 보드지나 우드락에 글을 쓸 수 있는
　　판을 적당한 크기로 자른 다음, 그 위에다 결정한 '거
　　리 이름' 을 쓴다.

　④ 글을 쓴 판에다 손잡이를 붙인다.

　• 글을 쓴 부분과 손잡이를 따로 붙이지 않고 하드 보드
　　지나 우드락에 바로 제작할 수도 있다.

　⑤ 완성된 안내판을 적절한 장소에 직접 설치한다.

　⑥ 그 거리를 지나는 사람들의 반응을 살펴본다.

4. 평가

1) K W L : 내가 알고 있는 것, 알고 싶은 것, 알게 된 것을
　 작성 해본다.

내가 알고 있는 것	알고 싶은 것	알게 된 것

2) 평가내용

- 우리 문화에 관심을 갖고 참여하는지 평가한다.
- 면지에 그려진 지도를 잘 이해하고, 그 의미를 해석할 수 있는지 평가한다.
- 인사동 소개글에 적절한 내용이 담겨 있는지, 이해하기 쉽게 구성되어 있는지 평가한다.

4. 함께 읽으면 좋은 책

- 우리 사는 멋진 세계
  닐 모리스 글 | 마크 데이비스 그림 | 애플 비
- 스스로 더불어 우리나라 탐구 여행
  김동환, 김진아, 민진하, 박민지, 박현지, 서현동, 최익환 글 | 유수정 그림 | 홍익 미디어 플러스

5. 대상연령 : 초등 중학년부터

어린이 아틀라스

브누아 들라랑드르 글 |
제레미 클라팽 그림 | 이희정 옮김 |
문학동네 어린이

· 활동 목표

1 5대양 6대주에 대해 안다.

2 세계 여러 나라의 지리와 다양한 문화에 대해 이해한다.

3 세계 여러 나라의 동물과 식물, 사람의 모습에 대해 관심을 갖는다.

필요한 자료 | 세계지도, 여러 사진 자료(동물, 식물, 여러 나라 사람이 모습), 색연필, 싸인펜, 활동지

1. 사전 활동

1) 세계 여러나라에 대해 어린이들이 알고 있는 사전 지식을 확인한다.

- 알고 있는 나라의 이름을 말하고, 어느 대륙에 속해 있는지 이야기를 나눈다.
- 나라가 어디에 위치해 있는지, 기후는 어떤지 이야기를 나눈다.

2. 본 활동

1) 『어린이 아틀라스』를 꼼꼼히 읽어본다.

2) 여러 나라를 찾아 볼 수 있었는지 이야기를 나눈다.
- 어느 나라가 기억에 남니?
- 그 나라의 어떤 점이 흥미로웠니?

3) 5대양 6대주에 대해 이야기를 나눈 뒤 활동지에 이름을 써 넣어 본다(활동지 5 : 5대양 6대주를 글로 쓰고 이야기하기, 활동지 6 : 지도상에 이름 써 넣기, 부록 참조).

4) 책을 읽으며 알게 된 점, 어려운 점에 대해 이야기를 나눈다.
- 책을 읽으며 느낀 어려운 점을 어떻게 해결하여 읽을 수 있는지 이야기를 나눈다.

5) 각 대륙의 사람과 식물, 동물의 모습에 대해서 이야기를 나누고 활동지에 정리해 본다(활동지 7 부록 참조).

3. 확장 활동

1) 각 나라의 추가 정보를 찾아서 그리거나 자료를 모아본다.
- 다른 참고 서적, 신문, 인터넷 등을 사용하여 알고자 하는 정보를 찾아본다.
- 쉽게 알아 볼 수 있도록 찾은 자료(그림, 사진)를 모은다.

2) 책의 정보를 기초로 문제를 만들어서 친구들과 풀어본다(활동지 8 부록 참조).
- 알고 있거나 새롭게 알게 된 것을 문제로 풀어본다.
- 함께 토론하며 활동지를 풀어본다.

3) 대륙별 기후와 지형, 문화에 대해 알아본다.
- 각 대륙에 속해 있는 나라를 찾아 대륙에 붙여본다.
- 대륙별 기후와 지형에 대해 알아본다.
- 대륙별 기후와 지형이 다른 이유에 대해 활동지에 적

어 본다(활동지 9 부록 참조).

- 각 나라의 문화에 대해 이야기를 나누고 알게 된 것을
설명문 형식으로 써본다(활동지 10 부록 참조).

4. 평가

1) K W L : 내가 알고 있는 것, 알고 싶은 것, 알게 된 것을
작성해본다.

내가 알고 있는 것	알고 싶은 것	알게 된 것

2) 평가 내용
- 5대양 6대륙에 대해 이야기 할 수 있으며, 지도상에
정확하게 표시할 수 있었는지 평가한다.
- 각 대륙별 여러 나라의 동물과 식물, 사람의 모습에
대해 정리할 수 있는지 평가한다.

5. 함께 읽으면 좋은 책

- 나의 첫 세계여행
소피 아망 외 글 | 올리비에 라틱 외 그림 | 계림북스쿨
- 나의 첫 지도여행
킹피셔 편집부 | 계림북스쿨

6. 대상 연령 : 초등 중학년부터

나의 첫 세계 여행

소피 아망 외 글
| 올리비에 라틱 외 그림
| 김효림 옮김 | 계림북스쿨

· · **활동 목표**

1 다른 나라에 대해 흥미를 갖는다.

2 대륙과 대양들의 위치와 이름을 안다.

3 대륙의 특징을 안다.

4 국경에 대한 개념을 이해한다.

필요한 자료 | 세계지도, 세계지도 그림, 크레파스, 색연필, 가위

1. 사전활동

1) 우리가 살고 있는 대륙이 어느 대륙인지 알아보고 우리

나라는 어느 대양에 접해 있는지 이야기를 나눈다.

예 우리나라는 어느 대륙에 속해 있을까? / 우리나라는

어느 대양에 접해있을까?

2) 다른 대륙과 대양의 이름을 알아본다.

• 세계지도를 살펴보면서 다른 대륙의 이름을 알아본

다.

• 세계지도에 나와 있는 대양의 이름을 알아본다.

• 세계지도를 보면서 대륙과 대양의 위치를 알아본다.

2. 본 활동

1) 함께 『나의 첫 세계여행』을 읽어본 뒤 내용을 확인한다.
- 내가 가 본 나라를 순서대로 말해 본다.
- 내가 가 본 나라가 어느 대륙에 속해 있는지 말해 본다.
2) 내가 좋아하는 나라를 정하여 조사하고, 친구들 앞에서
   관광가이드가 되어본다.
- 내가 정한 나라가 어느 대양에 속해있는지 설명한다.
- 수도와 유명한 도시에 대해 조사하여 설명한다.
- 우리나라에서 가려면 어떠한 교통편을 이용하여야 하
  는지 그 나라에서 가장 발달한 교통편은 어떤 것인지 조
  사하여 설명한다.
- 어떤 언어를 사용하고 있는지, 그 나라 사람들이 즐겨
  먹는 음식은 무엇인지 소개한다.
- 그 나라가 가진 독특한 문화와 유명한 문화재도 소개한
  다.

3. 확장 활동

1) 5대양 6대륙으로 퍼즐을 만들어 본다.
- 대륙과 대양의 형태만 그려진 세계지도 그림을 나누어
  주고, 대륙별로 같은 색으로 칠한다.
- 대륙과 대양 위에 이름을 적는다.
- 대륙의 모양대로 자른다.
- 가위로 자른 대륙의 모양을 퍼즐처럼 맞추어 본다.
2) 각 대륙에 어떠한 나라들이 있는지 게임을 통해 알아본
   다.

- 각 대륙의 이름이 적힌 주사위를 굴린다.
- 대륙의 이름이 나오면 카드에서 대륙에 속한 나라를 찾아본다.
- 알아맞히면 내 여권에 도장을 찍고, 못 알아맞히면 다시 주사위를 던진다.
- 여권에 도장이 많이 찍힌 친구가 이긴다.

4. 평가

1) KWL : 내가 알고 있는 것, 알고 싶은 것, 알게 된 것을 작성 해본다.

내가 알고 있는 것	알고 싶은 것	알게 된 것

2) 평가내용
- 세계 여러 나라에 관심을 갖고 수업에 참여하였는지 평가한다.
- 각 나라의 특성에 대해 얼마나 잘 이해하였고, 조리 있게 설명하였는지 평가한다.

5. 함께 읽으면 좋은 책

- 할머니의 선물
  조 엘렌 보가르트 글 | 바바라 레이드 점토 | 사계절

6. 대상연령 : 초등 중학년부터

지도로 만나는 세계 친구들

김세원 글 | 조경규 그림 | 뜨인돌

· · 활동 목표

1 다른 나라의 문화에 대한 흥미를 가진다.

2 열 개로 구분되는 문화권을 이해한다.

3 문화권별 특징과 대표적인 문화재를 안다.

필요한 자료 | 5대양 6대주가 다른 색으로 구분된 세계지도, 문화권으로 구분한 세계지도, 세계 국기 스티커, 다양한 꾸미기 자료, 세계 여러 나라의 기사가 실려 있는 신문들, 준비 가능한 각 문화권의 사진이나 그림자료(엽서나 인터넷에서 찾은 사진자료 등을 활용)

1. 사전활동

'5대양 6대주에 대해 알고 있죠? 5대양 6대주의 이름을 말해 볼까요?' 하며 펼쳐진 지도 위에 아이들이 대답하는 지역을 짚어가며 위치를 알려준다.

  1) 5대양 6대주가 구분된 세계지도를 살펴본다.

    • 각 대륙과 대양의 위치를 확인한다.

    • 각 대륙에 어떠한 나라가 있는지 찾아본다.

  2) 세계 문화권 지도를 살펴본다.

    • 각각 다른 색으로 구분된 5대양 6대주 지도에서 종이를 떼어내면 문화권으로 구분된 지도가 나타난다.

    • 각 문화권의 위치와 이름을 알아본다.

3) 국기를 붙인다.
  - 각 문화권에 해당하는 국가의 국기를 지도 위에 붙여
    본다.
4) 각 문화권의 특징에 대해 알아본다.

2. 본 활동

1)『지도로 만나는 세계 친구들』을 읽으며 각 문화권의 지
  리적 위치를 살피고, 각 문화권의 속하는 나라들을 알아
  본다.
  - 그 문화권의 특징이나 대표적인 문화에는 어떤 것들
    이 있는지 살펴본다.
2) 모둠을 나누어 각 모둠별로 하나의 문화권을 선택하고,
  신문에서 각 문화권에 속하는 나라의 기사를 찾아 정보
  를 수집, 정리하여 문화권 신문을 만든다.
  - 모둠별로 제비 뽑기 등의 방법으로 문화권을 정한다.
  - 신문의 기사 중 여러 나라의 기사를 찾는다.
  - 각자 모둠의 문화권에 해당하는 기사를 모은다.
  - 사진이나 그림자료를 첨부하고, 다양한 꾸미기를 통
    하여 모둠별 문화권 신문을 만든다.
3) 모둠별 신문을 소개하고 전시한다.
  - 모둠별로 완성된 신문을 소개한다. 이 때 기자가 된
    것처럼 소개할 수 있다.
  - 작업을 하며 재미있었던 일, 새롭게 알게 된 사실, 어
    려웠던 점에 대해서도 이야기를 나눈다.
  - 모둠별 신문을 전시하여 서로 다른 모둠의 신문도 살
    펴보도록 한다.

1) 세계 문화권 지도 완성하기
- 각 문화권을 대표하는 열 개의 색깔을 붙인 룰렛을 준비한다.
- 제비뽑기를 통해 각 팀별로 순서를 정한다.
- 룰렛을 돌려 멈춘 색에 해당하는 문화권의 카테고리를 완성한다.
(문화권에 속하는 국가의 국기 스티커를 세계 지도 위에 붙인다. 여러 문화권에 대해 설명한 카드 중에서 그 문화권의 특징을 설명한 카드를 찾아 붙인다. 또한 여러 문화재 사진 중에서도 해당하는 사진을 찾아 붙인다)
- 카테고리 완성한 것이 맞으면 각 팀별로 가지고 있는 작은 세계지도에 그 문화권에 해당하는 곳을 색칠한다.
- 틀리면 바로 다음 팀에게 룰렛을 돌릴 기회와 카테고리 완성할 기회를 넘겨준다.
- 가장 먼저 세계 문화권 지도에 모두 색칠한 팀이 우승한다.

2) 도전! 골든 벨
- 골든벨을 위한 문제를 만든다.
- 작은 칠판을 준비하여 아이들에게 퀴즈의 정답을 적도록 한다.
- 준비된 문제를 끝까지 맞힌 아이가 골든 벨을 울리도록 한다.

3) O, X 퀴즈
- 바닥에 큰 O, X를 그리고 퀴즈를 낸다.
- 퀴즈의 정답을 맞추어 끝까지 남아 있는 사람이 우승한다.

4. 평가

1) K W L : 내가 알고 있는 것, 알고 싶은 것, 알게 된 것을
  작성해 본다.

내가 알고 있는 것	알고 싶은 것	알게 된 것

2) 평가 내용
  - 열 개로 구분되는 문화권을 이해했는지 평가한다.
  - 문화권별 특징과 대표적인 문화재를 기억하는지 평
    가한다.
  - 문화권별 소식에 관심을 갖고, 모둠별 활동에 적극적
    으로 참여했는지 평가한다.
  - 문화권 신문을 적절하면서도 창의적으로 구성하였는
    지 평가한다.

5. 함께 읽으면 좋은 책

  - 얘들아 안녕
    우버 오메르 사진 | 소피 퓌로, 피에르 베르부 글 | 비
    룡소
  - 동그란 지구의 하루 : 새해를 맞이하는 8개국 어린이들의 이야기
    안노 미쓰마사 엮음 | 아이세움

6. 대상연령 : 초등 중학년부터

800년 전의 세계 일주

유리 슐레비츠 글 · 그림
| 조병준 옮김 | 어린이중앙

· ·**활동 목표**

1 현재의 세계와 과거의 세계의 차이를 설명할 수 있다.

2 벤자민의 여정을 지도를 통해 설명할 수 있다.

필요한 자료 | 세계지도, 혼일강리역대국도지도(인터넷에서 검색가능), 세계지도, A4 크기의(유럽, 아시아, 아프리카) 세계지도, 여러 색깔의 펜

1. 사전활동

1) 세계지도와 혼일강리역대국도지도를 함께 보여주고 이 것이 무엇인지, 어떤 차이가 있는지 이야기를 나눈다.

 • 세계지도를 제시하고 대륙의 모습, 나라의 위치에 대 해 이야기를 나눈다.

 • 우리나라에서 그린 600년 전의 세계지도는 어떤 모양 일지 생각해 보고 이야기를 나눈다.

 • 혼일강리역대국도지도를 보여주고 대륙의 모습, 나 라의 위치 등을 찾아본다. 어떤 점이 현재의 세계지도 와 다른지 이야기를 나눈다.

2) 세계지도에 800년 전의 유럽에 살던 사람들의 세계의 크기를 보여주고(『800년 전의 세계 일주』에 나오는 지 도를 근거로), 그 시대에 벤자민이라는 사람의 세계일주 에 관한 책을 소개한다.

2. 본 활동

1) 교사가 책을 미리 읽어본 뒤 벤자민의 여정에서 핵심이
   되는 도시들을 설명하는 부분을 위주로 학생들에게 소
   리 내어 읽어준다.
2) 벤자민이 어떤 도시들을 여행했는지 이야기를 나누고,
   이 도시들의 현재 이름은 무엇인지, 또 어디에 있는지,
   세계지도에서 찾아본다.
   - 벤자민의 여정 : 에스파냐의 투델라 → 프랑스의 항구
     마르세이유 → 이탈리아의 제노바 → 로마 → 오트란
     토 → 그리스 본토 → 콘스탄티노플 → 시리아 → 예
     루살렘 → 바그다드 → 바빌로니아 → 바벨탑 → 페르
     시아의 수사 → 아마디아 → 아프리카의 이집트 → 나
     일강 → 카이로 → 시나이산 → 알렉산드리아 → 시칠
     리아섬 → 투델라
     ① 본문 중간에 있는 지도에서 벤자민의 여정을 살핀
        다.
     ② 벤자민이 타임머신을 타고 현대로와서 세계여행을
        하게 된다면 어떠할지 알아본다.
   - 옛 도시의 이름이 바뀐 곳이 있는지, 옛 도시의 이름
     과 지금의 이름을 비교해본다.
   - 어떤 방법으로 이동하게 될지, 어떤 것을 보게 될 지
     알아본다.
   - 세계지도에 벤자민의 이동경로를 그려본다.

3. 확장활동

1) 나의 여행기
- 내가 세계여행을 한다면 방문하고 싶은 곳을 지도에 선으로 기록해본다.
- 한 도시를 정해 그 곳에 어떻게 가고, 어떤 것을 보고, 무엇을 먹고, 어떤 사람들을 만나고 어떤 경험을 하게 될지 여행일지를 작성해 본다.
- 본문에서 벤자민은 여행을 위해 증명서, 칼, 부싯돌, 음식, 양말을 준비했다고 하였다. 나의 여행에는 어떠한 것들이 필요한지, 비교해서 적어보도록 한다.

4. 평가

1) K W L : 내가 알고 있는 것, 알고 싶은 것, 알게 된 것을 작성해 본다.

내가 알고 있는 것	알고 싶은 것	알게 된 것

2) 평가 내용
- 현재 세계와 과거 세계의 차이를 설명할 수 있는지 평가한다.
- 벤자민의 여정을 지도에 표시하고, 설명할 수 있는지 평가한다.

5. 함께 읽으면 좋은 책

- 울퉁불퉁 세계지도
  니콜라스 해리스 글 | 게리 힝크스, 니키 팔린 그림 |
  디딤돌
- 반쪽이와 하예린, 런던에 가다
  최정현, 최하예린 | 한겨레신문사
- 온쪽이 하예린의 내가 만난 파리
  최정현, 최하예린 | 디자인하우스

[8] 대상연령 : 초등 중학년부터

그림지도로 보는 세계의 고대문명

닐 모리스 글 | 다니엘라 데 루카 그림
| 안효상 옮김 | 임기환 감수
| 신재명 그림 | 다섯수레

· · **활동 목표**

1 문명의 발생에 대해 흥미를 갖는다.

2 각 문명의 발생지의 위치를 안다.

3 문명 발생지의 공통적 특징을 이해한다.

4 각 문명의 특징적인 문화를 이해한다.

필요한 자료 | 세계지도, 스티로폼, 색종이(빨강, 노랑, 초록, 파랑), 이쑤시개, 가위, 풀

1. 사전활동

1) 문명이 언제 어디서 시작되었는지 알아본다.

- 문명이 처음 시작된 때는 언제인지, 문명이 처음 시작된 곳은 어디인지 이야기를 나눈다.
- 세계지도를 펼쳐 그 위치와 문명의 이름을 알아본다.
  예 이집트 문명, 메소포타미아 문명, 인더스 문명, 황하문명

2) 세계지도에 있는 4대 문명지에 깃발을 꽂아본다.

- 스티로폼 위에 세계지도를 붙여 고정한다.
- 색종이의 색깔별로 각각 4대 문명의 이름을 적는다.
- 색종이를 삼각형이나 사각형으로 오린다.
- 오린 색종이를 이쑤시개에 풀칠하여 작은 깃발을 만든다.

• 스티로폼에 고정된 세계지도 위에 각 문명 발생지를
  찾아 깃발을 세운다.

2. 본 활동

1) 함께 『그림지도로 보는 세계의 고대문명』을 읽고 난 뒤
   각 문명의 지리적 위치와 자연환경에 대해 알아본다.
   • 주변에 무엇이 있는지 알아본다.
     예) 각 문명이 발생한 곳에서 볼 수 있는 것이 무엇이
        니? / 각 문명이 발생한 곳에 있는 강 이름이 무엇
        이니? / 강이 있고 주변이 초록색이라면 무엇을 하
        며 살았을까?
   • 각 문명이 발생한 곳의 공통점에 대해 알아본다.
2) 각 문명의 대표적인 문화와 특징을 알아본다.
   • 각 문명의 대표적인 문화와 특징에 대해 이야기를 나
     눈다.
   • 대표적인 문화와 특징을 리스트로 작성해본다.
   • 스티로폼 세계지도 위에 리스트를 붙여본다.

3. 확장 활동

1) 쐐기문자 점토판을 만들어본다.
   • 찰흙을 네모모양으로 만든다.
   • 쐐기문자 점토판 사진을 보며 찰흙 위에 쐐기 문자를
     새겨본다.
   • 응달에 잘 말려 쐐기문자 점토판을 완성한다.

2) 게임(나도 고고학자)을 해본다.

- 칠판에 커다란 세계지도를 붙여둔다.
- 네 팀으로 나누어 메소포타미아, 이집트, 인더스, 황화와 같이 4대 문명의 이름을 각각 붙여준다.
- 교실 뒤편에 4개의 상자 두고 각 상자 안에는 4대 문명의 특징이나 문화를 적은 카드나 그림을 똑같이 넣어둔다.
- 세계지도가 붙은 칠판 앞에서 네 팀이 한 줄로 서서 한명씩 출발하여 상자 속에서 자신의 팀 문명 이름과 관련 있는 카드나 그림을 골라 한 장씩 가져와 칠판에 있는 세계 지도 위에 붙인다.
- 만약 잘못 가져온 카드나 그림이 있다면 다음 사람이 다시 상자 속에 가져다 둘 수는 있지만 그 사람은 다시 새로운 카드를 가져 올 수는 없다.
- 먼저 완성한 팀이 자신들이 발견한 문명에 대해 설명하는 것으로 마무리 한다.

4. 평가

1) K W L : 내가 알고 있는 것, 알고 싶은 것, 알게 된 것을 작성해본다.

내가 알고 있는 것	알고 싶은 것	알게 된 것

2) 평가 내용

- 세계 문명지에 대해 관심을 갖고 참여했는지 평가한다.
- 문화와 역사에 대해 관심을 갖고 참여했는지 평가한다.
- 리스트로 작성하는 과정을 잘 수행하였는지 평가한다.

5. 함께 읽으면 좋은 책

- 불가사의 세계 문화유산의 비밀

  허용선 글, 사진 | 예림당
- 어린이 세계 풍물지리백과

  마르쿠스 뷔름리 지음 | 대교베텔스만

6. 대상연령 : 초등 중학년부터

강전희 지음(2001), 한이네 동네 이야기, 진선 출판사.

김동환 외 글, 유수정 그림(2004), 스스로 더불어 우리나라 탐구여행, 홍익 미디어 플러스.

김세원 글, 조경규 그림(2004), 지도로 만나는 세계 친구들, 뜨인돌 어린이.

김이경 글, 김수자 그림(2005), 인사동 가는 길, 파란자전거.

김재일 글, 강소희 그림(2006), 세상에 단 하나뿐인 지도, 디딤돌.

김향금 글, 최숙희 그림(2004), 세상을 담은 그림, 지도, 보림.

니콜라스 해리스 글, 게리 힝크스, 니키팔린 그림, 고수미 옮김(2006), 울퉁불퉁 세계지도, 디딤돌.

니콜라이 포포프 외 지음(2004), 동그란 지구의 하루 : 새해를 맞이하는 8개국 어린이들의 이야기, 아
　　　이세움.

닐 모리스 글, 다니엘라 데 루카 그림, 안효상 옮김(2005), 그림지도로 보는 세계의 고대문명, 다
　　　섯 수레.

닐 모리스 글, 마크 데이비스 그림, 햇살과 나무꾼 옮김(2003), 우리 사는 멋진 세계, 애플비.

닐 아들리 지음(1999), 101 놀라운 과학실험, 한국 시청각.

데버러 챈슬러 지음, 이충호 옮김(2005), 지도, 럭스키즈.

로렌 리디 글 · 그림, 박상용 옮김(2004), 초롱이와 함께 지도 만들기, 미래 M&B.

로렌 리디 글 · 그림, 이지유 옮김(2003), 지구로 소풍가는 날, 미래 M&B.

로마 간스 글, 폴 미로차 그림, 햇살과 나뭇꾼 옮김(2001), 새들은 어떻게 길을 찾을까, 웅진 씽크빅.

마르쿠스 뷔름리, 우테 프리젠 지음, 임정희 옮김(2005), 세계 어린이 풍물지리백과, 대교 베스
　　　텔만.

발레리 기두 글, 레지 팔레르 외 그림, 장석훈 옮김(2000), 세상의 낮과 밤, 아이세움.

발레리 기두 글, 올리비에 라틱 외 그림, 장석훈 옮김(2000), 지구의 봄 여름 가을 겨울, 아이세움.

브누아 들라랑드르 글, 제레미 클라팽 그림, 이희정 옮김(2006), 어린이 아틀라스, 문학동네 어린이.

소피 아망 외 글, 올리비에 라틱 외 그림, 김효림 옮김(2004), 나의 첫 세계여행, 계림.

소피 퓌로, 피에르 베르부 글, 우버 오메르 사진, 장석훈 옮김(2004), 애들아 안녕, 비룡소.

야노쉬 글 · 그림, 오석균 옮김(2001), 호야와 곰곰이의 세계지도여행, 계림.

올리비에 소르조 글, 세르쥬 세카렐리 그림, 길미향 옮김(2005), 나침반, 길벗 어린이.

유리 슐레비츠 글 · 그림, 조병준 옮김(2005), 800년 전의 세계일주, 랜덤하우스 코리아.

이형권 글, 김정한 그림(2005), 어린이를 위한 우리나라 지도책, 아이세움.

전국지리교사모임 지음, 조경규 그림(2005), 지도로 만나는 우리 땅 친구들, 뜨인돌 어린이.

정해왕 글, 김세현 그림(2006), 독도 하늘에 태극기 휘날리며(홍칠순과 독도 수비대), 뜨인돌 어
　　　린이.

조 엘렌 보가르트 글, 바바라 레이드 점토, 강인 옮김(2000), 할머니의 선물, 사계절.

청동말굽 글, 낙송재 그림(2004), 세상을 보는 눈, 지도, 문학동네 어린이.

최정현 · 최하예린 지음(2005), 반쪽이와 하예린, 런던에 가다 , 한겨레아이들.

최하예린 지음, 최정현 만화(2003), 온쪽이 하예린의 내가 만난 파리, 디자인 하우스.

캐롤라인 아놀드 글, 패트리샤 J. 윈 그림, 최종윤 옮김(2005), 새, 길벗 어린이.

허용선 지음(2004), 불가사의 세계문화유산의 비밀, 예림당.

황근기 글, 백명식 그림(2004), 로빈슨 크루소와 숲에서 탈출하기, 해피 북스.

VI. 실제 활동의 예

길을 잃었어요

자크 뒤케누아 글 · 그림 |
조용희 옮김 | 작은 책방

• 활동 목표

1 북극 지방은 어디에 있으며 어떤 곳인지 안다.

2 낯선 곳을 여행하는 사람들에게 필요한 것의 목록과 그 필요성을 이해한다.

3 큰곰자리와 작은곰자리, 북극성의 위치를 안다.

필요한 자료 | 지구본, 북극 지방에 사는 동물에 관한 책, 별자리에 관한 책, 까만
도화지와 반짝이 스티커, 야광별, 유치원 주변 약도

1. 사전활동

1) 길을 잘 모르는 곳을 찾아갈 때 어떻게 했는지 이야기를
   나눈다.
   - 나 혼자 모르는 곳을 찾아간 적이 있었는지 이야기를
     나눈다.
   - 부모님과 함께 모르는 곳을 찾아간 적이 있었는지 이
     야기를 나눈다.
   - 어떤 방법으로 그 곳을 찾아갔는지 이야기를 나눈다.

2) 모르는 곳을 찾아 갈 때 필요한 것들이 어떤 것인지 이
   야기를 나눈다(지도, 나침반, 무전기, 랜턴 등).

2. 본 활동

1) 함께 책을 읽고 책 속에 나온 내용에 대해 이야기를 나눈다.

- 북극이 어디에 있는지 지구의로 찾아본다.
- 북극의 겨울이 어떠한지 알아본다.

  예 날씨는 어땠니? / 어떤 동물이 살고 있었니? 등

- 날쌘돌이와 잠수돌이는 어떻게 해서 길을 찾게 되었는지 알아본다.

  예 어떠한 도구들을 사용하였나? 도구들의 이름과 사용방법 사전 만들기(활동지 11 부록 참조)

▲ 책모양의 예.

- 작은곰자리의 북극성을 보고 길을 찾은 이유에 대해 알아본다.

2) 작은곰자리의 생김새와 북극성이 어느 별인지 알아보고, 검은 도화지에 반짝이 스티커를 이용해 작은곰자리와 북극성을 표시해본다.

  예 작은곰자리는 어떻게 생겼을까? / 작은곰자리의 북극성은 어느 별일까?

3. 확장활동

1) 길 잃은 펭귄과 아기곰을 잃은 엄마곰의 입장이 되어
   일기를 써본다.
2) 다시 뱃길에 오른 펭귄의 항해 일지를 써본다.
3) 우리 동네에서 길 찾기와 눈 덮인 북극에서 길 찾는 방
   법을 벤다이어그램으로 비교해본다.

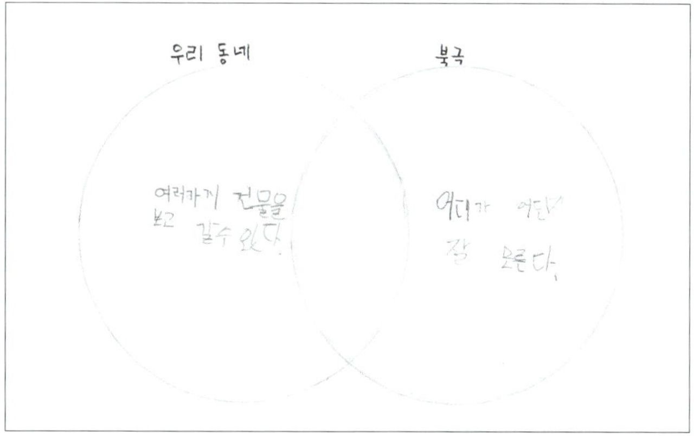

▲ 벤다이어그램으로 비교해 보기

4. 평가

1) K W L : 내가 알고 있는 것, 알고 싶은 것, 알게 된 것을
   작성 해본다.

내가 알고 있는 것	알고 싶은 것	알게 된 것
기도를 보고 찾으면	북에 관한 걸 알고 싶다. 북에서 길을 찾는 법을 알고 싶다.	북극성의 위치 서로 도와가고 길을 찾는 법.

2) 평가내용

수업 및 토론에 적극적으로 참여했는지 평가한다.

- 책 또는 수업 내용과 관련하여, 동화와 거리두기의 두 가지 측면을 고려해 평가한다.
- 친구들의 의견을 잘 들었는지 평가한다.
- 자신의 생각을 잘 표현하였는지 평가한다.
- 책 읽기(수업) 이전이나 토론하기 전후에 생각의 변화가 있었는지 아이들에게 직접 물어본다. 스스로 자신의 태도를 평가해보게 한다.

5. 함께 읽으면 좋은 책

- 펭귄과 함께 쓰는 남극 일기
  소피 웹 글 · 그림 | 사계절
- 별
  신시아 니콜슨 글 | 빌 슬래빈 그림 | 미세기

6. 대상연령 : 유치원부터

수수께끼 생일 편지

• **활동목표**

1 기호에 대해 관심을 갖는다.

2 기호의 개념을 이해하고, 일상생활에 적용시킨다.

3 지도에 나타난 기호의 의미를 이해한다.

필요한 자료 | 주변에서 볼 수 있는 다양한 기호, 워크시트, 색연필, 사인펜, 인형

에릭 칼 글·그림 | 이기경 옮김 |
몬테소리씨엠

1. 사전활동

1) 하나의 기호(예 : 화장실 표시, 교통신호 등)를 보여주고
무엇을 나타내는 것인지 수수께끼를 내어 본다.

2) 왜 이런 기호를 만들어 사용하는 것일까에 대해 이야기
를 나눈다(기호의 필요성).

3) 기호는 어떤 특징을 가지고 있을까? / 오랫동안 사람들
이 가지고 있는 색깔에 대한 인식에 대해 알아본다.

• 왜 색을 사용하는 것일까?

예 만약에 남자 화장실과 여자 화장실의 색깔을 바꾸
어 표시하면 어떨까?

왜 빨간 신호등에 멈추고 초록 신호등에 가는 것일
까?

• 기호는 왜 간단하게 표시하는 것일까?

4) 기호란 무엇일까? 기호가 무엇인지 말로 표현해 본다.

2. 본 활동

1) 함께 『수수께끼 생일편지』를 읽고 지은이가 만든 기호
   에 대하여 이야기를 나눈다.
2) 우리 주변에서 보았던 기호와 어떻게 다른지 알아본다.
   예 음악기호, 미술 기호, 교통기호, 수학기호 등
3) 내 마음대로 기호를 바꾼다면 어떻게 바꿀 수 있을까?
   • 왜 그렇게 바꾸었니?
   • 내 마음대로 바꾸면 어떤 점이 불편할까?

▶ 주차장 기호를 바꾼 예

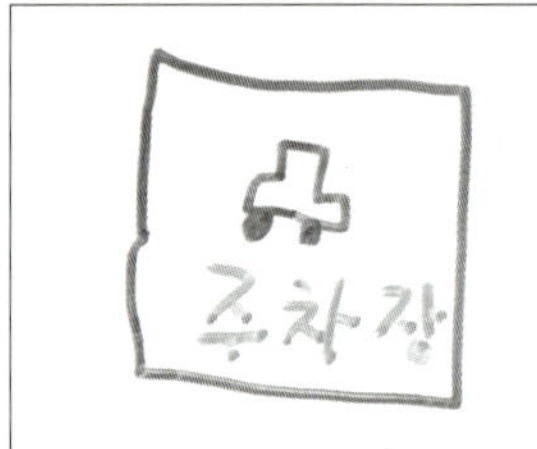

▶ 음악 기호를 바꾼 예

4) 내 방, 우리 유치원(또는 학교)에 있는 것들을 기호로 나
   타내본다(활동지 12 부록 참조).
   • 그림으로 그려보기
   • 색을 넣어 표현하기

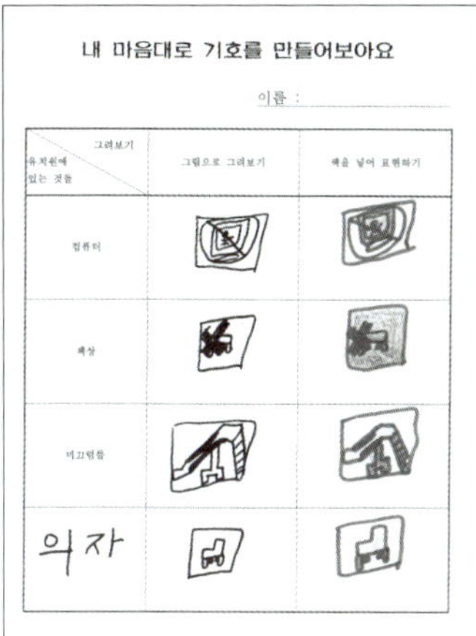
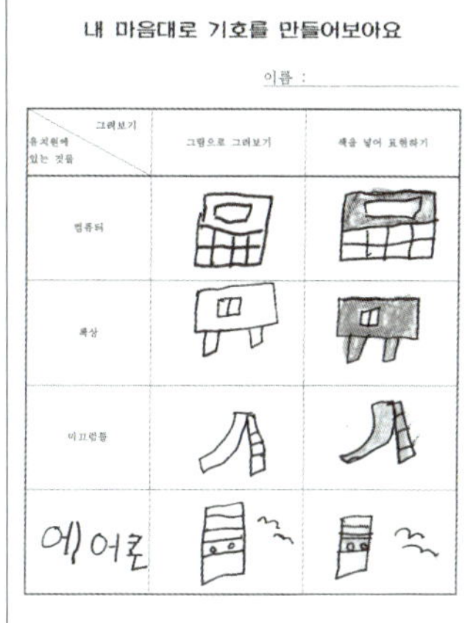

◀ 내 마음대로 기호 만들기

5) 수수께끼 지도를 그려 인형을 찾아본다(활동지 13 부록
  참조).

- 인형을 친구들 모르게 교실 어딘가에 숨겨 놓는다.
- 기호를 이용한 수수께끼 지도를 그려 친구에게 준다.
- 친구가 그린 수수께끼 지도를 가지고 인형을 찾아본
  다.
- 쉽게 찾을 수 있는 지도는 어떤 지도였는지 이야기해
  본다.

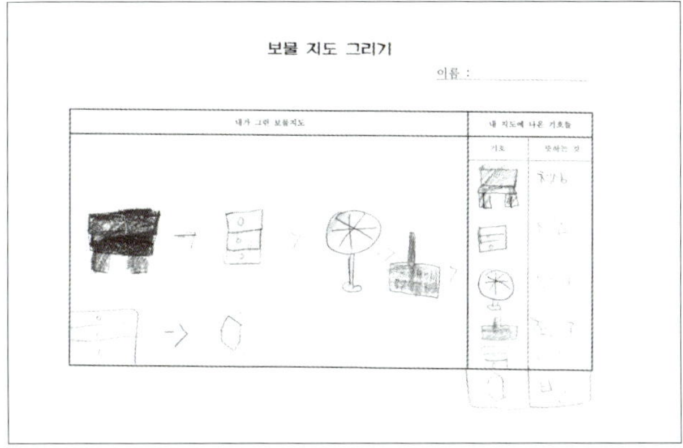

◀ 보물지도 그리기

3. 확장활동

1) 이 세상에 기호가 없다면 어떨까 생각해 본다(기호의 중요성에 대해 알아보기).
2) 주변에 있는 다양한 기호들을 찾아 수수께끼 놀이를 해 본다.
3) 지도에 나와 있는 다양한 기호들의 의미를 알고 기호사전을 만들어 본다.

4. 평가

1) K W L : 내가 알고 있는 것, 알고 싶은 것, 알게 된 것을 작성 해본다.

K	W	L
•기호는 이것이 무엇인지 알려준다	•기호가 있는 이유는 무엇일까요?	•쉽게 알아 볼 수 있게 기호가 필요하다
•기호는 표시하는 것이다.	•기호는 주로 어떤 것을 알려주나요?	•지도에 나타내는 중요한 것들을 기호가 나타낸다

2) 평가내용
   • 기호가 무엇인지 이해하고 있는지 평가한다.
   • 아동이 만든 기호가 창의적이며 색깔에 대한 인식이 잘 되어 있는지 평가한다.
   • 기호를 잘 사용하여 지도를 만들었는지 평가한다.
   • 아동 개인이 KWL을 통해 호기심을 잘 해결하였는지 평가한다.

5. 함께 읽으면 좋은 책

- 초롱이와 함께 지도 만들기
로렌 리디 글 · 그림 | 미래 M&B
- 샐러드와 마법의 가게
가즈코 G. 스톤 글 · 그림 | 한림출판사

6. 대상연령 : 유치원부터

세상에 단 하나뿐인 지도

김재일 글 | 강소희 그림 | 디딤돌

· · · 활동목표

1 지도를 이루고 있는 요소를 이해한다.

2 지도를 이루는 요소를 이용하여 지도를 읽을 수 있다.

3 지도를 이루는 요소를 이용하여 그림지도를 그릴 수 있다.

4 경계선의 의미를 알고 땅에도 모양이 있음을 안다.

필요한 자료 | 주변에서 볼 수 있는 다양한 기호들, 워크시트, 색연필, 사인펜

1. 사전활동

1) 일반도와 그림지도를 보여주며 차이점에 대해 이야기
   를 나눈다.
   - 어느 지도가 더 보기 쉬운지 알아보고, 그 이유에 대
     해 이야기를 나눈다.
   - 일반도와 그림지도가 사용되는 곳이 어디인지 이야
     기를 나눈다.
   예 일반도는 어디에서 볼 수 있을까?
     그림지도는 어디에서 볼 수 있을까? (관광도, 놀이
     동산 등)
2) 지도에는 어떤 요소들이 있는지 지도에서 찾아 이야기
   를 나눈다.

2. 본 활동

1) 함께 『세상에서 단 하나뿐인 지도』를 읽고 지도에 들어
   있는 도우미 친구들에 대해 이야기를 나눈다.
   - 어떤 친구들이 있었는지 알아본다(방위, 기호, 색깔).
   - 방위의 이름과 표시하는 방법을 알아본다(동서남북,
     4).
   - 자연이나 사물을 어떻게 표현하면 좋은가 이야기를
     나눈다.
     예 자연을 어떻게 표현할 수 있을까?
        사물과 건물을 어떻게 표현할 수 있을까?
   - 어떤 색으로 칠하면 그 사물이나 자연에 가장 잘 어울
     리는지 이야기를 나눈다.

2) 기호의 특징을 알아보고 표현해본다.
   - 기호를 어떻게 표현하면 좋은지 생각해본다.
   - 생각한 기호에 가장 적합한 색깔을 넣어본다.
   - 활동지에 자신이 생각한 것들을 기호와 색깔로 나타
     내본다(활동지 14 부록 참조).

3) 방위를 찾아 방향을 정하고 내가 만든 기호와 색깔을 이
   용하여 학교 가는 길을 그려본다(활동지 15 부록 참조).
   - 어느 쪽이 북쪽인지 찾아보고 학교와 집의 위치를 정
     한다.
   - 방위 표시를 정확히 그려 넣는다.
   - 길을 먼저 그려 넣고, 그려 넣을 건물이나 자연의 위
     치를 정한다.
   - 내가 만든 기호를 넣어 지도를 그려본다.
   - 지도를 보고 쉽게 찾을 수 있는지 친구들과 이야기를
     나눈다.

▶ 내 마음대로 기호 만들기

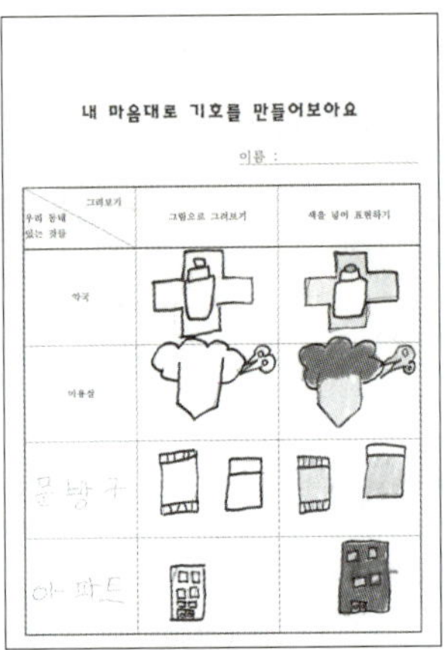

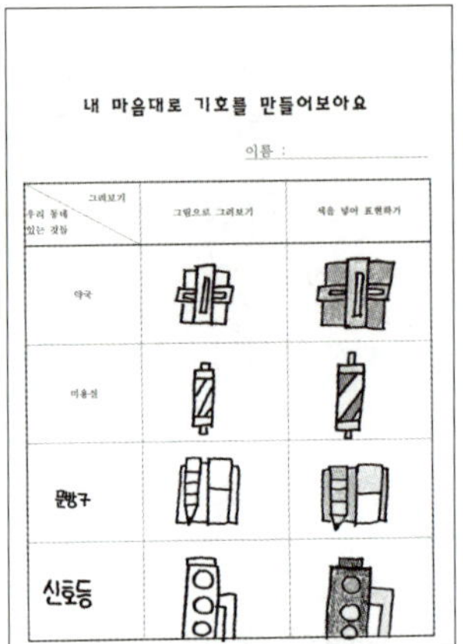

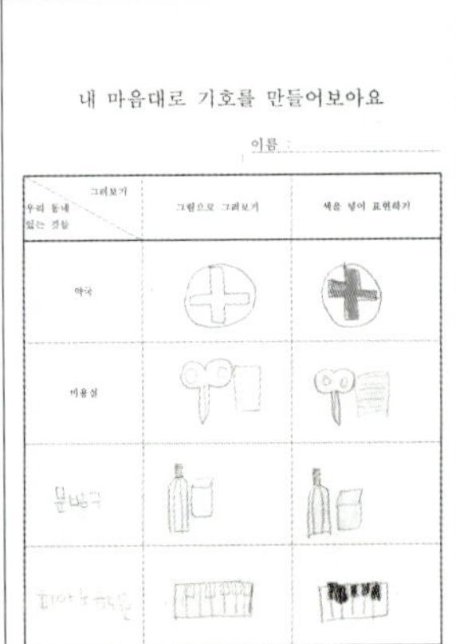

▶ 학교 가는 길 그리기

4) 내가 그린 그림지도를 우리 동네 지도와 비교해보고 지도에 나온 우리 동네 모양을 알아본다(활동지 16 부록 참조).

  • 내가 그린 그림지도는 우리 동네의 일부만 그린 것이고 우리 동네 전체지도가 아니라는 것을 이해한다.
  • 어디까지가 우리 동네인지 경계선의 의미를 안다.
  • 기름종이를 지도 위에 얹어 우리 동네 경계선을 그려보고, 무슨 모양인지 알아본다.

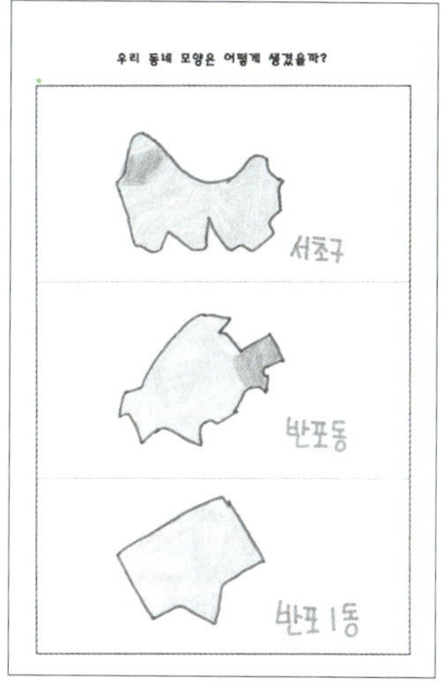

▲ 우리 동네 모양 그리기

3. 확장활동

1) 지도에 나와 있는 다른 동네나 다른 나라의 경계선들을 그려보고, 모양을 알아본다.
2) 친구와 함께 그림지도를 두 개 그려 같은 곳과 다른 곳 찾기 게임을 해본다.

4. 평가

1) K W L : 내가 알고 있는 것, 알고 싶은 것, 알게 된 것을 작성 해본다.

K	W	L
• 지도는 쉽게 찾을 수 있다	• 지도 에는 왜 색깔을 넣나요	• 사물을 쉽게 구별할 수 있게 색깔을 넣어요
• 차가 길을 갈 때 편리하게 찾을 수 있다	• 지도는 나침반과 관계가 있나요?	• 동서남북을 구별해야 하니까 나침반이 필요해요

2) 평가내용

- 지도를 이루는 요소들을 잘 이해하고 있는지 평가한다.
- 아동이 만든 기호가 창의적이면서 색깔에 대한 인식이 잘 되어 있는지 평가한다.
- 기호를 잘 사용하여 지도를 만들었는지 평가한다.
- 지도가 땅의 모양이라는 것을 잘 이해하고 있는지 평가한다.
- 아동 개인이 KWL을 통해 호기심을 잘 해결하였는지 평가한다.

4 함께 읽으면 좋은 책

- 종이 한 장의 마법, 지도
  류재명 글 | 신명환 그림 | 길벗 어린이
- 교사와 학부모용 지도서 : 역사와 지리를 좋아하는 아이로 기르기 위한 50가지 방법
  앤 스트리블링 지음 | 문원

5. 대상연령 : 초등 저학년부터

대동여지도

박천홍 글 | 이상규 그림 |
서울문화사

• 활동 목표

1 대동여지도에 대해 알고 관심을 가진다.

2 모눈종이를 사용하여 실물을 일정한 비율로 축소하여 그릴 수 있음을 알고 그림으로 그려볼 수 있다.

필요한 자료 | 모눈종이, 여러 가지 자, 필기구

1. 사전 활동

1) 대동여지도와 김정호 선생님에 대해 알고 있는 사실에

대해 서로 이야기를 나눈다.

• 대동여지도가 무엇인지 알고 있니?

• 김정호 선생님에 대해 알고 있는 이야기가 있니?

2. 본 활동

1) 『대동여지도』를 선택적으로 읽는다.

• 서론과 1장, 4장을 읽는다.

2) 일정한 비율로 모눈종이에 옮겨 그리는 방법에 대해 이

야기를 나눈다.

- 1cm 또는 10cm 등 기준이 되는 길이를 정하고, 기준이 되는 길이를 모눈종이 상에서 몇 칸으로 그릴 것인지 정한다(한 칸 또는 다섯 칸).
- 실물의 길이를 측정하고, 일정한 비율로 축소하여 모눈종이에 그림을 그린다.

3) 토론을 거쳐 어떠한 물건을 모눈종이에 옮겨 그릴 것인지 정한다.
- 필통이나 책, 책상, 의자, 창문, 칠판, 문 등이 가능할 것이다.
- 결정된 물건의 실제 길이를 측정하고, 일정 비율로 모눈종이에 축소하여 그린다.

4) 자신이 그린 것을 소개하고 전시한다.
- 어떠한 사물을 축소하여 보았는지, 어떠한 비율로 그렸는지 소개하면서, 활동 중에 흥미로웠던 점과 어려웠던 점 등도 함께 이야기를 나눈다.

5) 교실 전체를 모눈종이에 옮겨 그릴 수도 있다.
- 어린이들이 모눈종이에 옮겨 그리는 것이 익숙해졌다면, 각자의 역할을 나누어서 교실 전체를 모눈종이에 축소하여 옮겨 그릴 수 있다.
- 전체 교실을 측정할 모둠과 가구들을 측정할 모둠, 소품을 측정할 모둠 등으로 역할을 분담하여 활동한다.

3. 확장 활동

1) 『대동여지도』를 자세히 읽는다.
- 책을 읽고, 질문에 꼼꼼하게 답을 하도록 한다(활동지 17 부록 참조).

2) 『대동여지도』를 읽고 감상문을 쓴다.
- 김정호의 삶이나 대동여지도의 정확성, 선조들의 위

대함 등에 중점을 두며, 책 전체를 읽고 감상문을 쓴
다.

3) 「대동여지도」를 찾아 현장학습을 떠나본다.

- 대동여지도가 있는 박물관을 찾아서 현장학습을 떠
  난다. 대동여지도는 국립중앙박물관, 숭실대학교 기
  독교박물관, 성신여자대학교 박물관, 서울역사박물
  관에 있다.

4) 「대동여지도」의 위대함을 알리는 글을 써본다.

- 대동여지도에 대해 잘못 알려진 이야기가 많다. 또 일
  제시대 이후 학교에서 배워 온 지도의 산맥은 잘못된
  것이고, 김정호의 〈대동여지도〉가 더욱 정확하다. 이
  점에 대해 알지 못하는 사람들에게 〈대동여지도〉의
  정확성과 위대함을 알리는 글을 써본다.
- 논설문 형식이나 편지글로, 또는 신문 형식으로 만들
  어 볼 수 있다.

4. 평가

1) K W L : 내가 알고 있는 것, 알고 싶은 것, 알게 된 것을
   작성해 본다.

내가 알고 있는 것	알고 싶은 것	알게 된 것

2) 평가 내용

- 대동여지도의 역사적 의미를 이해했는지 평가한다.
- 모눈종이를 이용하여 실물을 일정한 비율로 축소하

여 나타낼 수 있는가에 대해 평가한다.

5. 함께 읽으면 좋은 책

- 세상을 담은 그림 지도
  김향금 글 | 최숙희 그림 | 보림.
- 우리 옛지도와 그 아름다움
  배우성 | 효형출판(교사 참고).

6. 대상연령 : 초등 중학년부터

▶ 모눈종이에 그리기
▶▶ 대동여지도 자세히 읽기

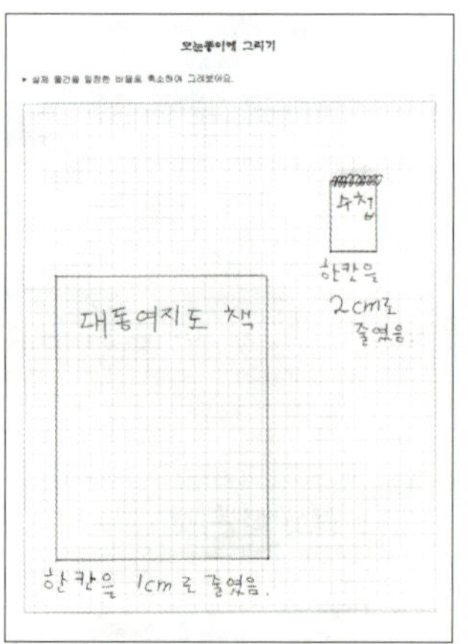

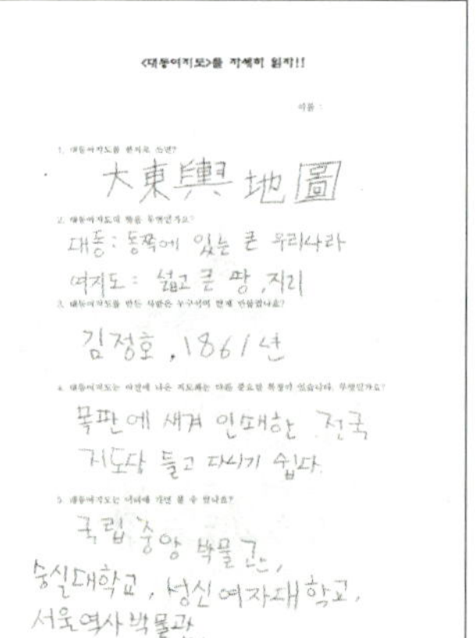

호야와 곰곰이의 세계지도여행

· ·활동 목표

1 지구의 생김과 지역의 특징을 안다.

2 세계 여러 나라에 관심을 가지고, 나라별 특징을 이해한다.

필요한 자료 | 색종이(종이배), 커다란 공이나 구, 지구본, 세계지도, 인터넷이 가능한 컴퓨터, 여러 나라에 관련된 사진과 그림자료, 세계 여러 나라와 관련된 참고서적, 다양한 꾸미기 자료

아노쉬 글 · 그림 | 오석균 옮김 |
계림 북 스쿨

1. 사전 활동

1) 종이배를 만들어 편평한 책상 위에서 이동할 때와 커다란 공 위에서 이동할 때의 차이점에 대해 이야기를 나누어 보고, 지구의 모양을 이해한다.

- 편평한 책상 위에서 움직일 때와 동그란 공 위에서 움직일 때 어떤 차이점이 있었니?
- 옛날 사람들은 지구를 어떤 모양이라고 생각했었니?
- 지구가 동그랗다는 것을 어떻게 알 수 있었을까?

2. 본 활동

1) 『호야와 곰곰이의 세계지도여행』을 한 페이지씩 돌아
   가며 읽는다.
2) 책을 다 읽은 뒤 어느 나라를 여행하였는지 지도 위에
   표시해본다.
   - 각자 개별적으로 할 수도 있고, 함께 세계지도 위에
     스티커를 붙이며 표시해 볼 수도 있다.
3) 여러 가지 주제를 가지고 주제도를 만들어 본다.
   (주제의 예 : 세계의 박물관, 세계의 다리, 세계에서 가
   장 유명한 건축물, 세계의 문화유산, 세계의 축제 등)
   - 관심 있는 주제를 정한다.
   - 신문, 인터넷 등에서 주제에 해당하는 설명과 각각의
     그림, 사진 등의 자료를 모은다.
   - 세계 지도에서 해당하는 나라에 사진이나 그림 자료
     를 붙이고, 각각을 설명하는 내용을 정리하여 함께 붙
     인다.
4) 주제도를 소개하고 전시한다.
   - 어떠한 주제를 가지고 만들었는지 소개한다.
   - 작업을 하며 어려웠던 점이나 재미있었던 점 등을 함
     께 이야기한다.

3. 확장 활동

1) 책에서 호야와 곰곰이가 이탈리아에 갔을 때 소개한 스파
   게티를 만들어 본다.
   ① 피망, 양파, 양송이, 마늘, 토마토 케첩, 스파게티 국수
     를 준비한다.

② 올리브 기름을 넣고, 잘게 다진 양파와 마늘을 볶는다.

③ 볶은 재료에 양송이와 피망을 넣고, 토마토 케첩과 물
을 넣어 소스를 만든다.

④ 스파게티 국수는 소금을 넣은 물에 10분간 삶는다.

⑤ 삶은 국수는 소쿠리에 건져 물기를 뺀 다음, 식기 전에
버터로 버무려 엉키지 않도록 한다.

⑥ 삶은 국수에 소스를 얹어 맛있게 먹는다.

4. 평가

1) K W L : 내가 알고 있는 것, 알고 싶은 것, 알게 된 것을
작성해 본다.

내가 알고 있는 것	알고 싶은 것	알게 된 것

2) 평가 내용
- 지구의 모양과 각 지역의 특징에 관심을 가지고 활동
에 참여했는지 평가한다.
- 각 나라의 특징과 각 주제도에 실어야 할 정보를 찾는
과정과 그 결과물을 평가한다.

5. 함께 읽으면 좋은 책

- 세계 대탐험 이야기

사라 해리슨 글 | 키다리
• 지도 따라 세계 속으로
니콜라스 해리스 글 | 게리 힝크스 그림 | 키다리
• 울퉁불퉁 세계지도
니콜라스 해리스 글 | 게리 힝크스, 니키 팔린 그림 |
디딤돌
• 나의 첫 세계여행
소피 아망 외 글 | 올리비에 라틱 외 그림 | 계림북스
쿨

6. 대상 연령 : 초등 중학년부터

러시아
유럽
아프리카
인도
중국
대한민국
일본
인도네시아
호주
뉴질랜드
그린란드
캐나다
미국
브라질
(영)
(토고)
·러시아에는 크렘린 궁전이 있어요.
·음악가 차이코프스키가 태어났어요.
·정치인 고르바초프가 태어났어요.
(영)에는 원서성이 있어요. 영국에는 채플린 뉴턴,다윈 있고, 플레밍 이 태어난 나라예요.
·처음이 종이를 발명했어요. ·나침판을 발명하여 항해에 이용 했어요. ·아주 긴 만리장성이 있어요.
자유의 여신상이 있어요. ·발명왕 에디슨이 태어난 곳이예요. ·최초로 동력 비행에 성공한 라이트 형제가 태어났어요.
세계적으로초코로 잘 알려진 나라예요. 또른 저곳 에라는 아마존강이 흐르고 있어요. 밀림이 많고 커피 천연곡 철광석이 많이 나는 나라예요.
인도의 독립을 위하여 노력한 간디가 태어 났어요. 수도는 뉴델리이고, 인구는 10억이 넘는데요 인더스강은 세계문명의 발상지예요.
호주에는 캥거루와 오페라 하우스가 있어요.
·2006년 국인을 든것이 처음으로 참가했어요. ·아프리카에는 많은 어린이들이 영양실조에 걸렸어요.

나의 첫 지도 여행

킹피셔 편집부 지음
| U&J 옮김 | 계림북스쿨

· · 활동 목표

1 대륙별로 지구를 나누어 지도를 읽을 수 있다.

2 세계 여러 나라의 지리와 다양한 문화에 대해 이해한다.

3 내가 가고 싶은 나라의 관광 안내서를 창의적으로 만들 수 있다.

필요한 자료 | 지구본, 세계지도, 백지도, 색연필, 싸인펜, 활동지

1. 사전 활동

1) '세계 여러 나라 이름대기' 게임을 한다.
   - 게임을 통하여 세계 여러 나라에 대한 호기심을 불러
     일으킨다.
   - 원으로 둥글게 앉아서 시계 방향으로 돌아가며 나라
     의 이름을 말한다. '세계 여러 나라 이름대기(손뼉치
     고 무릎치고) 미국(손뼉치고 무릎치고)'
2) 어린이들이 말한 나라가 어디에 위치해 있는지, 무엇을
   통해서 어떻게 알 수 있을지 이야기를 나눈다.
3) 그 나라의 이름을 대면 떠오르는 것이 무엇인지 이야기
   를 나눈다.

2. 본 활동

1) 『나의 첫 지도 여행』을 꼼꼼히 읽는다.

2) 게임을 하며 말한 나라를 찾아 볼 수 있었는지, 그 나라
   가 어느 대주에 속해 있는지 알아 맞히는 게임을 한다
   (그림책을 보며 찾아도 된다) (활동지 18 : 6대주 찾기).

3) 책을 읽으며 알게 된 점, 어려운 점에 대해 이야기를 나
   눈다.
   - 책을 읽으며 느낀 어려운 점을 어떻게 해결하여 읽을
     수 있는지 이야기를 나눈다.

4) 그림지도 상의 기호를 쉽게 해석할 수 있었는지 이야기
   를 나눈다.

5) 각 나라의 주요 생산물과 산업, 강, 산, 동물, 식물, 음식
   등에 대해서 이야기를 나눈다.

3. 확장 활동

1) 책의 정보를 기초로 문제를 만들어서 친구들과 풀어본
   다.
   - 책에 있는 '맞혀 보세요!' 코너를 응용하여 알고 있거
     나 새롭게 알게 된 것을 문제로 만들어본다.
   - 활동지 '맞혀 보세요!' 를 개별로 작성 한 후 친구와
     서로 바꾸어 풀어본다(활동지 19 : 맞혀보세요).

2) 각 지역의 추가 정보를 찾아서 나만의 기호를 창작하여
   그리거나 자료를 모아 백지도에 붙여본다.
   - 다른 참고 서적, 신문, 인터넷 등을 사용하여 알고자
     하는 정보를 찾아본다.

• 알게 된 것을 다른 사람이 쉽게 알아 볼 수 있도록 기호를 창작하거나 찾은 자료(그림, 사진)를 모은다.

• 창작한 기호나 자료를 그 나라에 해당하는 백지도에 붙여본다.

3) 여행을 계획하여 본다.

① 대륙별 백지도가 그려진 활동지 '나의 첫 지도 여행'을 선택한다.

• 대륙별로 그려진 백지도 중 자기가 가고 싶은 나라의 대륙별 백지도 활동지를 선택한다(활동지 20 : 대륙별 백지도의 예).

② 그 나라에 가고 싶은 이유와 그 나라의 정보를 활동지에 쓰거나 그린다.

• 왜 가고 싶은지 이유를 적고 기후는 어떤지, 주요 생산물이나 산업, 그 밖에 그 나라에 대해 알고 있는 정보를 적는다.

③ 그 나라에 가서 보고 싶거나 먹고 싶은 것을 적는다(활동지 21 : 관광 안내서 만들기 위한 정보).

④ 활동지의 내용을 사용해서 관광 안내서 책자를 pop-up book으로 만들어 본다.

▶ 맞혀보세요
▶▶ 관광안내서 만들기 위한 정보

문 제	정 답
[illegible 손글씨]	바다 거리 / 건이 고려
[illegible 손글씨]	옥수수
[illegible 손글씨]	비버
[illegible 손글씨]	등불나라
[illegible 손글씨]	충국
[illegible 손글씨]	인도네시아
[illegible 손글씨]	겐바라
[illegible 손글씨]	꿀라티사브
[illegible 손글씨]	세종기지
[illegible 손글씨]	나일강
[illegible 손글씨]	× 자카르타 / 뉴델리

내가 가고 싶은 나라는? (대륙)	호주 (오스트레일리아)
왜 가고 싶은 가요?	오페라 하우스기~ 호주에있으니까~
대표 음식은?	바비큐
주요 생산물은?	코뿔
보고 싶은 것은?	코알라
어떤 언어를 사용하나요?	영어

 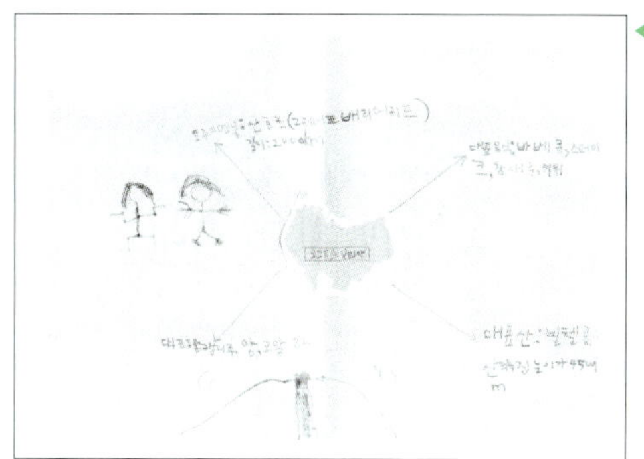

◀ pop-up book

4. 평가

1) K W L : 내가 알고 있는 것, 알고 싶은 것, 알게 된 것을
작성해본다.

K (알고 있는 것)	W (알고자 하는 것)	L (새롭게 알게 된 것)

2) 평가 내용

- 대륙별로 지구를 나누어 지도를 읽을 줄 알았는지 평
가한다.
- 세계 여러 나라에 관심을 갖고 각 나라의 지리와 다양
한 문화에 대해 이해하였는지 평가한다.
- 그림책에서 얻은 정보와 새롭게 찾은 정보를 이용하
여 관광 안내서 pop-up book을 창의적으로 만들었는
지 평가한다.

5. 함께 읽으면 좋은 책

- 나의 첫 세계여행

  소피 아망 외 글 | 올리비에 라틱 외 그림 | 계림북스
  쿨
- 호야와 곰곰이의 세계지도 여행

  야노쉬 글·그림 | 계림북스쿨

6. 대상 연령 : 초등 저학년부터

숨은 별자리 찾기

활동 목표

1 지도는 종류에 따라 다양한 정보를 담고 있음을 안다.

2 원하는 정보를 지도로 표현할 수 있다.

3 지도를 해석할 수 있다.

필요한 자료 | 전지 크기의 밤하늘 사진(OHP 필름에 밤하늘 사진을 복사하거나 프로젝터로 제시), A3 크기의 계절별 밤하늘 사진(4계절×남, 북쪽 별자리 지도 8장을 책에서 스캔하거나 인터넷에서 다운받는다), 일반도(우리나라 전도, 학생들이 사는 도시 지도), 주제도(지하철 노선도 혹은 지역별 특성에 맞는 주제도), 색연필, 필기구.

한스 아우구스토 레이 지음 | 이현주 옮김 | 비룡소

1. 사전 활동

1) 다양한 종류의 지도를 살펴보고 어떤 정보를 담고 있는지 이야기를 나눈다. 지도마다 담고 있는 서로 다른 정보에 대해 이야기를 나눈다.

① 우리나라 전도를 보여주고 이것이 무엇인지, 언제 사용하는 것인지 자유롭게 이야기를 나눈다.

② 어린이들이 사는 도시의 지도를 보여주고 이것이 무엇인지, 언제 사용하는 것인지, 우리 나라 전도와는 어떤 차이가 있는지 이야기를 나눈다.

③ 지하철 노선도를 보여주고 이것이 무엇인지, 언제 사

용할지, 앞의 두 지도와는 어떤 차이가 있는지 이야
기를 나눈다.

2) 밤하늘에는 어떤 지도가 있을지 이야기를 나눈다.
  • 별을 관찰하는 사람인 천문학자들이 만든 지도인 별
    자리 지도에 대해 이야기를 나눈다.

2. 본 활동

1) 대형 밤하늘 사진을 제시한다. 교사는 밤하늘 사진에서
   한 별자리를 예를 들어 선을 이어 별자리를 그리고 그와
   관련된 이야기를 책에서 읽어준다.
2) 각각의 계절별 밤하늘이 찍힌 사진(A3 크기)을 조별로
   제공한다.
  • 조별로 나눠 받은 사진의 별을 이어 별자리를 만들고
    직접 별자리 이름을 붙여본다.
  • 새로 만들어진 별자리를 어떻게 정리하면 효과적으
    로 지도로 만들 수 있을지 논의하여 작성하도록 한다.
  • 조별로 만든 별자리 지도를 조별로 소개한다.
3) 교사는 이전에 만들어진 별자리와 그 별자리에 관한 이
   야기를 알고 싶은 경우 책을 찾아볼 수 있도록 『숨은 별
   자리 찾기』 책을 소개한다.

3. 확장 활동

1) 새로 만든 별자리에 이야기를 지어본다.
  • 자신이 만든 별자리에 대해 이야기를 만들어 써보게
    한다.

• 친구가 만든 다른 별자리와 자신의 별자리 이야기를
  연결해 본다.

4. 평가

1) K W L : 내가 알고 있는 것, 알고 싶은 것, 알게 된 것을
   작성해본다.

내가 알고 있는 것	알고 싶은 것	알게 된 것

2) 평가 내용
  • 아동이 만든 별자리를 알아볼 수 있게 지도로 그렸는
    지 평가한다.
  • 조별로 별자리를 만드는데 모두 참여하였는지 평가
    한다.
  • 조별로 만든 지도를 보고 별자리를 설명할 수 있는지
    평가한다.

5. 함께 읽으면 좋은 책

• 별자리 이야기 · 밤하늘의 선물
  조앤 힌스 저 | 승산

▶ 본 활동을 하는 모습
　▶▶ 확장활동 작품 1

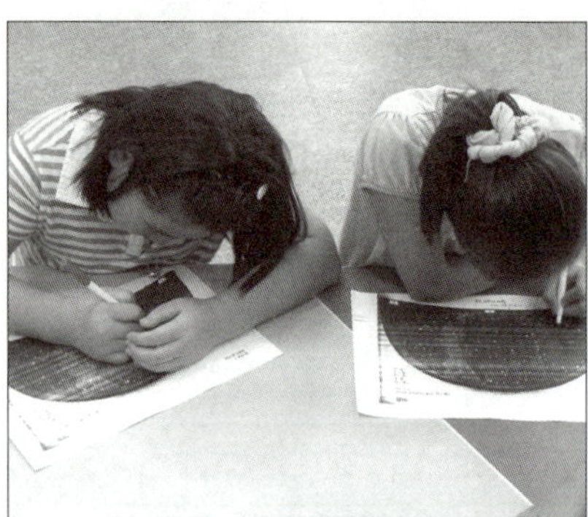
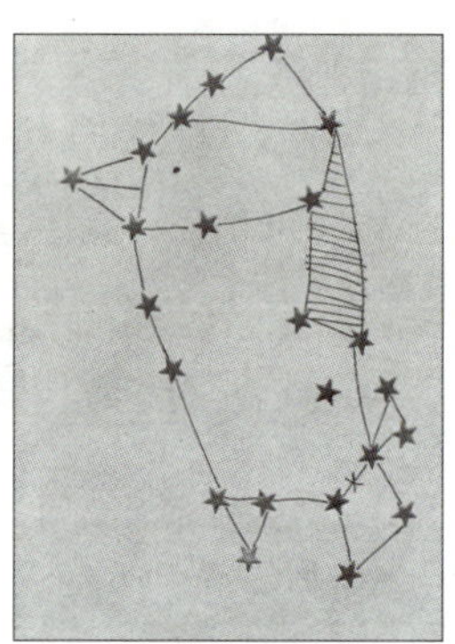

▶ 확장 활동을 하는 모습
　▶▶ 확장활동 작품 2

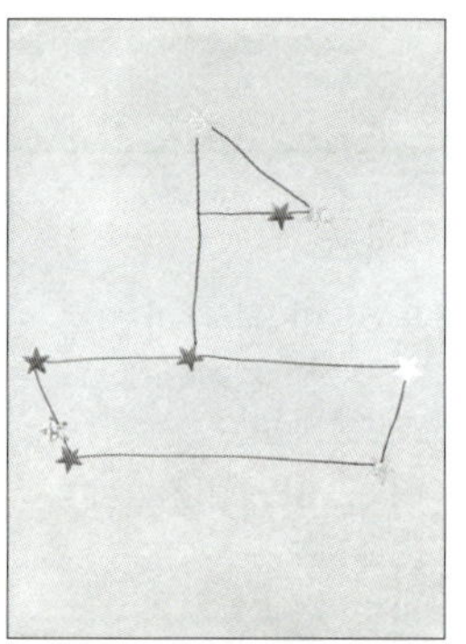

가즈코 G. 스톤 글·그림, 고향옥 옮김(2000), 샐러드와 마법의 가게, 한림 출판사.

김재일 글, 강소희 그림(2006), 세상에 단 하나뿐인 지도, 디딤돌.

김향금 글, 최숙희 그림(2004), 세상을 담은 그림, 지도, 보림.

니콜라스 해리스 글, 게리 힝크스 그림, 김지영 옮김(2006), 지도 따라 세계 속으로, 키다리.

니콜라스 해리스 글, 게리 힝크스, 니키팔린 그림, 고수미 옮김(2006), 울퉁불퉁 세계지도, 디딤
        돌.

로렌 리디 글·그림, 박상용 옮김(2004), 초롱이와 함께 지도 만들기, 미래 M&B.

류재명 글, 신명환 그림(2006), 종이 한 장의 마법, 지도, 길벗 어린이.

박천홍 글, 이상규 그림(2006), 대동여지도, 서울문화사.

배우성 외 지음(2003), 우리 옛 지도와 그 아름다움, 효형출판.

사라 해리슨 지음, 김지영 옮김(2005), 세계 대탐험 이야기, 키다리.

소피 야망 외 글, 올리비에 라틱 외 그림, 김효림 옮김(2004), 나의 첫 세계여행, 계림.

소피 웹 글·그림, 이충호 옮김(2005), 펭귄과 함께 쓰는 남극 일기, 사계절.

신시아 니콜슨 지음(1999), 별, 미세기.

앤 스트리블링 지음, 김성 옮김(2000), 역사와 지리를 좋아하는 아이로 기르기 위한 50가지 방법,
        문원.

야노쉬 글·그림, 오석균 옮김(2001), 호야와 곰곰이의 세계지도여행, 계림.

에릭 칼 글·그림, 이기경 옮김(2005), 수수께끼 생일편지, 몬테소리씨엠.

자크 뒤케누아 글·그림, 조용희 옮김(2002), 길을 잃었어요, 작은 책방.

조앤 힌스 지음, 승영조 옮김(2003), 별자리 이야기: 밤하늘의 선물, 승산.

킹피셔 편집부 지음, U&J 옮김(2005), 나의 첫 지도여행, 계림.

한스 아우구스토 레이 지음, 이현주 옮김(2002), 숨은 별자리 찾기, 비룡소.

부록

활동 1.

동서남북을 찾아보아요.

활동 2. 공통점과 차이점

활동 3.

우리나라 각 지역 알아보기

분류＼지명				
위치				
특산물				
가볼 곳				
사투리				

활동 4.

인사동에 있는 것 그래프로 그려보기

10					
9					
8					
7					
6					
5					
4					
3					
2					
1					
	음식점	전통필방	도자기가게	갤러리	찻집

 5.

5대양 6대주를 쓰고 이야기해보세요.

5대양 :

6대주 :

활동 6. 지도상에 5대양 6대주의 이름을 써 넣어 보세요.

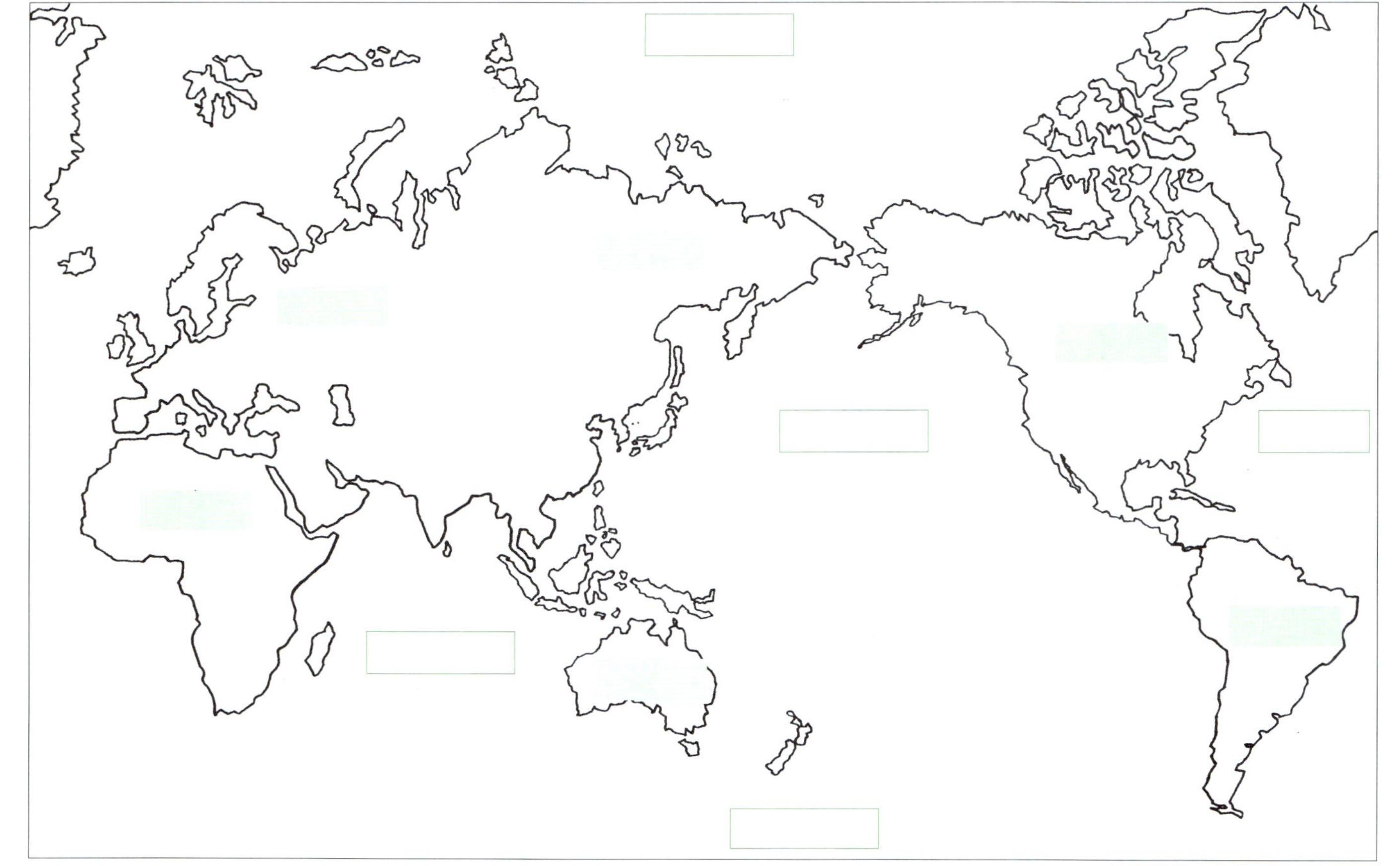

활동 7.

세계 여러 나라의 사람, 동물, 식물에 대해서 알게 된 것을
정리해 보세요.

모습 대륙	사람	동물	식물

8. 5대양 6대주 자세히 읽기

☞ 사람들이 가장 많이 사는 대륙은 어디일까요?

사람들이 가장 많이 사는 대륙은 ＿＿＿＿＿＿＿＿ 입니다.

☞ 세계에서 가장 높은 산은 어디일까요?

세계에서 가장 높은 산은 ＿＿＿＿＿＿＿＿ 입니다.

☞ 세계에서 가장 긴 강은 어디일까요?

세계에서 가장 긴 강은 ＿＿＿＿＿＿＿＿ 입니다.

☞ 세계에서 가장 넓은 나라는 어디일까요?

세계에서 가장 넓은 나라는 ＿＿＿＿＿＿＿＿ 입니다.

☞ 세계에서 가장 인구 밀도가 높은 나라는 어디일까요?

세계에서 가장 인구 밀도가 높은 나라는 ＿＿＿＿＿＿＿＿ 입니다.

☞ 세계에서 가장 넓은 바다는 어디일까요?

세계에서 가장 넓은 바다는 ＿＿＿＿＿＿＿＿ 입니다.

☞ 세계에서 사람들이 가장 인구가 많은 나라는 어디일까요?

세계에서 가장 인구가 많은 나라는 ＿＿＿＿＿＿＿＿ 입니다.

☞ 세계에서 가장 넓은 사막은 어디일까요?

세계에서 가장 넓은 사막은 ＿＿＿＿＿＿＿＿ 입니다.

활동 9.

대륙별로 기후와 지형이 왜 다른 지 써 보세요.

대륙별로 기후와 지형이 다른 까닭은..

때문입니다

 10.

세계 여러 나라의 문화에 대해 설명문 형식으로 글을 써 보
세요.

11. 책도안

 12.

내 마음대로 기호를 만들어보아요 1

이름 :

그려보기 유치원에 있는 것들	그림으로 그려보기	색을 넣어 표현하기
컴퓨터		
책상		
미끄럼틀		

활동 13.

보물지도그리기

이름 :

내가 그린 보물지도	내 지도에 나오는 기호들	
	기호	뜻하는 것

 14.

내 마음대로 기호를 만들어보아요 2

이름 :

우리동네에 있는 것들 \ 그려보기	그림으로 그려보기	색을 넣어 표현하기
약국		
미용실		

활동 15.

학교 가는 길 그리기

이름 :

4

 16.

우리 동네 모양은 어떻게 생겼을까?

이름 :

내가 사는 군이나 시의 모양을 그려보아요.

내가 사는 면이나 구의 모양을 그려보아요.

내가 사는 동네 모양을 그려보아요.

 17. 대동여지도 자세히 읽기 질문지

〈대동여지도〉를 자세히 읽자!!

이름 :

1. 대동여지도를 한자로 쓰면?

2. 대동여지도의 뜻은 무엇인가요?

3. 대동여지도를 만든 사람은 누구이며 언제 만들었나요?

4. 대동여지도는 이전에 나온 지도와는 다른 중요한 특징이 있습니다. 무엇인
   가요?

5. 대동여지도는 어디에 가면 볼 수 있나요?

6. 김정호는 중국의 지리학자 배수의 말을 따서 지도를 만드는 여섯 가지 바탕
   을 이야기합니다. 여섯 가지 바탕은 무엇입니까?

7. 김정호는 〈손자병법〉을 쓴 손자의 말을 빌려 〈대동여지도〉의 '지도유설' 에
   서 지도의 쓸모에 대해 이야기하였습니다. 어떠한 것이 있나요?

8. 김정호에 대해 잘 못 알려진 점이 많이 있었습니다. 무엇인가요?

9. 김정호가 살았던 시절은 어떠했나요?

10. 김정호가 그린 지도에 나타난 산맥과 우리가 교과서에서 배운 산맥은 차이
    가 있습니다. 그 원인은 무엇입니까?

11. 오늘날에 지도는 어떻게 만들어지나요?

18. 6대륙을 찾아보세요.

예) 유럽, 아시아, 아프리카, 북아메리카, 남아메리카, 오세아니아

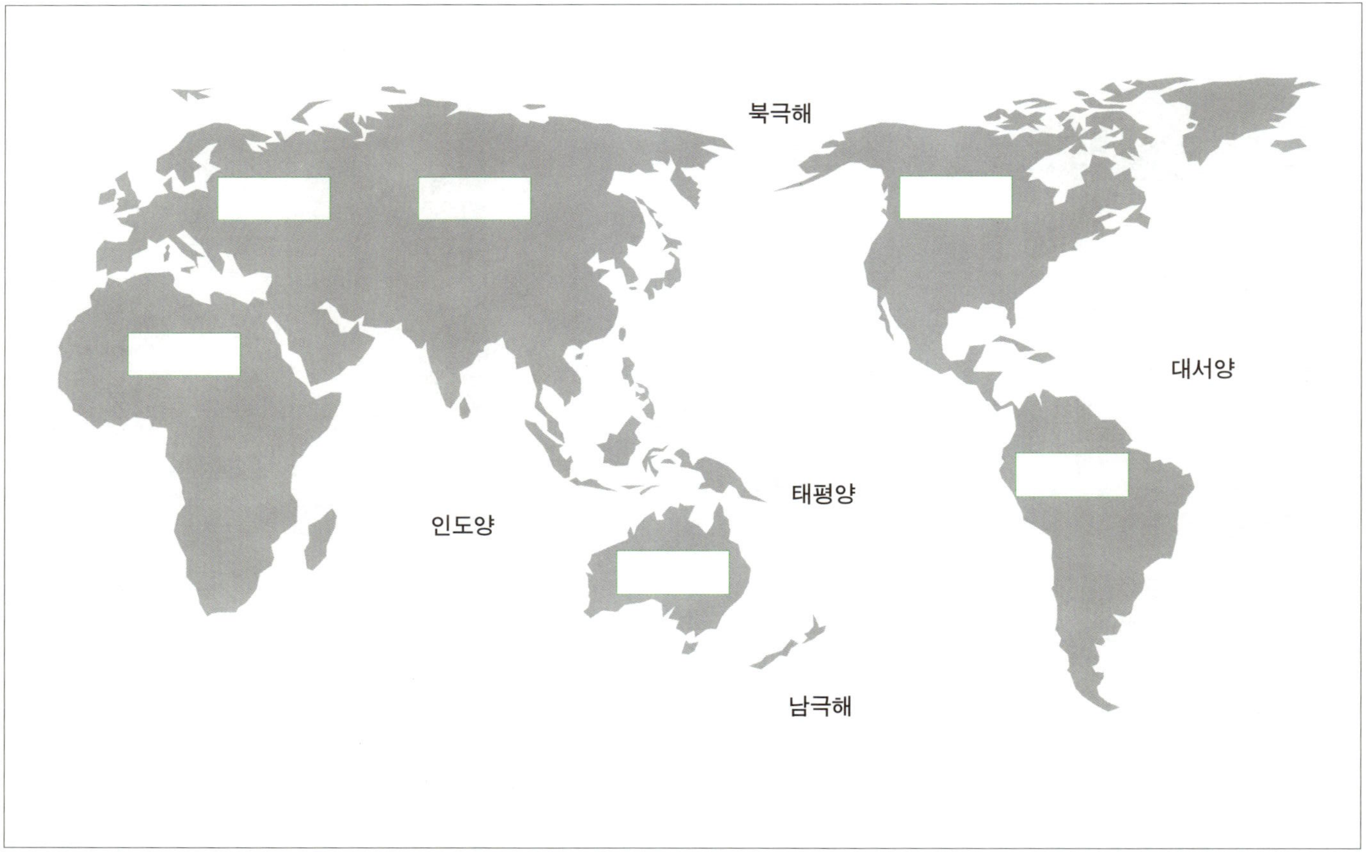

19.

책에 '맞혀 보세요' 코너가 있었어요. 내가 읽고 친구들에게 문제를 내어보세요. 다른 친구와 바꾸어가며 맞혀보고 누가 많이 맞히나 내기하여보세요.

문제	정답

20. 〈관광 안내서를 만들기 위한 대륙별 백지도의 예〉

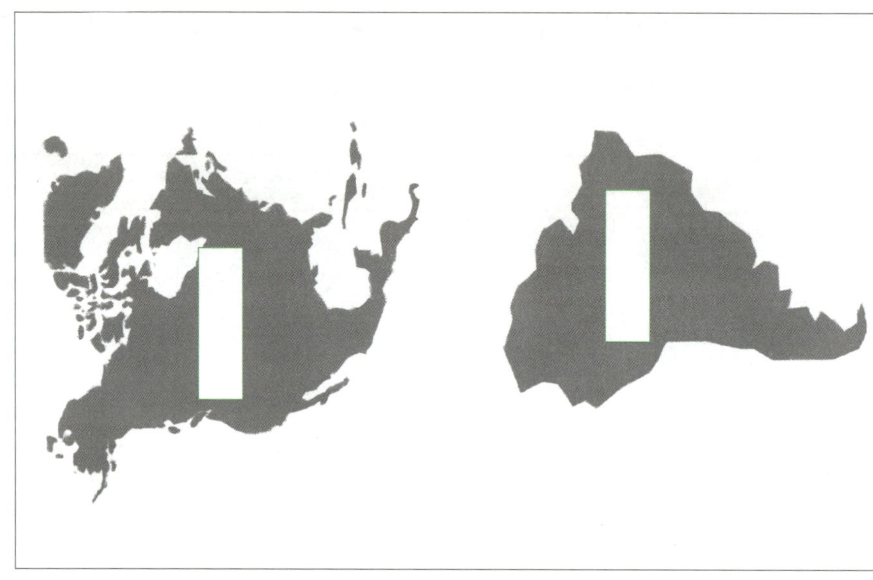

활동 21.

내가 가고 싶은 나라가 속해 있는 대륙은 어느 곳인가요?
왜 그 나라에 가고 싶은지 적어보고, 여행을 하기 위해 필요
한 정보를 모아 관광 안내서를 만들어 보세요.

내가 가고 싶은 나라는? (대륙)	
왜 가고 싶은 가요?	
대표 음식은?	
주요 생산물은?	
보고 싶은 것은?	
어떤 언어를 사용하나요?	

색인_명사

【ㄱ】

갈리마르(Gallimard) 출판사 23, 35, 34

강 135, 136, 215, 247, 265

강강술래 192

개념 그림책 27

개념적인 조직 27

개념책 26, 27

개인 58

개인적 58

개인적 공간 58

개화시기 56

거리 51, 113

건조 나침반 97, 183

겨울잠 177

경계선 235

고구려 39, 52, 148

고대 52

고대 문명 149, 150

공간 확대의 원리 61

공간개념 122

공간인지능력 62

공간정보 62

공룡 39, 40, 42

공전 126

공전 126

과학 정보책 34

관객-독자 22

관계지어 읽기 75

관광 안내도 169

관광도 232

관광지 116

관광지도 168

관찰 79, 80

광년 143

교육과정 60

구조화 76

구조화 하기 76

국가 208

국가적 공간 58

국경 135, 202

국경선 55, 135

국기 130, 137, 140, 206, 207

국립중앙박물관 239

국사편찬위원회 152

규장각 152

그리스 149, 211

그림이야기책 19

그림지도 108, 137, 173, 176, 232, 235, 247

그림책 26, 28

기관 안내도 168, 169

기록과 저널 39

기온 17

기와밟기 192, 193

기호 51, 57, 62, 64, 102, 105, 106, 108, 109,
      124, 136, 137, 165~171, 174, 227~230,
      232~234, 236, 247, 248, 269, 270

기후 60, 161, 177, 199, 200, 248, 266, 271

기후도 177

김좌진 188

꼴라주 39, 103

【ㄴ】

나일강 211

나치 39

목적 훑어 읽기 74
목적론 42
몽골 31
문답식 책 27, 38
문명 214, 215
문명 발생지 214, 215
문학성 24, 25, 41, 43, 142
문화 15, 18, 60, 61, 117, 126, 130, 132,
　　　135~137, 149, 150, 162, 198~201, 203,
　　　206, 207, 214~217, 249, 267
문화권 124, 140, 206~209
문화유산 116, 242
문화재 135, 203, 206, 209
문화적 99, 140
미국 15, 35, 61, 75, 126, 132, 246
미국 지리교육협화세계적 공간 59
민족주의 55

【 ㅂ 】
바그다드 211
바다 124, 161, 265
바벨탑 211
바빌로니아 211
바빌로니아 점토판 지도 52, 53
발생지 214
방위 51, 57, 62, 64, 108, 109, 135, 167, 168,
　　　170, 179, 182, 183, 185, 187, 233
방위 표시도 183
방위도 168, 169
방위표 182
방향 90, 93, 94, 96, 178, 233
백과사전식 정보책 24
백지도 126, 161, 162, 246~248, 278
별 95, 96, 142, 252

별자리 90, 91, 142, 143, 187, 223, 251~ 253
별자리 지도 99, 141
보기 102, 168, 169
보길도 61
보르도 139
보림 창작그림책공모전 113
보물 지도 102, 166, 229, 270
보스톤 글로브-혼 북 상 25
볼로냐 아동 도서전 113
볼로냐 아동 도서전 그래픽 상 104
북극 90, 91, 124, 132, 184, 223, 224
북극성 90, 96, 187, 223~225
북극해 276
북두칠성 90, 96
북부 아프리카 132, 276
북부 유럽 132
북아메리카 54
분포 59
블랙홀 42
비엔날레 아이사 일러스트레이션 재팬 113
비율 102, 169, 170, 237~239
빙하 155
빙하시대 42

【 ㅅ 】
사료와 자료를 담은 책 26
사르곤 대왕 52
사르곤 대왕의 원정기 53
사막 132, 265
산 136, 247, 265
산맥 135, 275
산업 136, 140, 247, 248
산업 분포 56
삼국시대 52

【 ㅊ 】

색인_사람이름

색인_책제목

【ㄱ】

간디 : 검없는 투사　16

갈릴레오 갈릴레이　40

개구장이 ㄱㄴㄷ　28

개구쟁이 꼬마 원숭이 조지　141

갯벌이 좋아요　19

거북이랑 달릴 거야　116

검은 말 이야기　155

고구려 사람들은 왜 벽화를 그렸나요?　39

고구려 정치사 연구　148

고래　37

공룡과 당신이 함께 마시는 물　92

공룡에 관한 새로운 질문과 답　39

공룡을 사랑한 할아버지 : 세계 최초로 공룡을
만든 워터하우스 호킨스 이야기　40

괜찮아　107, 113

교사와 학부모용 지도서 : 역사와 지리를 좋아
하는 아이로 기르기 위한 50가지 방법　236

국토는 향기롭다　115

그리운 곳에 옛집이 있다　115

그리즐리 곰 가족 책　30, 31

그림작가는 어떤 일을 하는가　38

그림지도로 보는 세계의 고대 문명　147, 148

그림지도로 보는 세계의 여러 나라　148

그림지도로 보는 세계의 여러 동물　148

그림책의 이해 2　27

기준이네 가족 일기　121

기차 ㄱㄴㄷ　28

기차와 배와 비행기　89

길을 잃었어요　89, 223

김정호　151

깊고 깊은 우주　147

까꿍 놀이 선물 상자　113

까맣고 하얀 게 무엇일까요　27

꼬마 유령들의 저녁식사　89

꿀강아지 똥강아지　116

꿈을 그린 추상화가 김환기　40

꿈의 궁전을 만든 우체부 슈발　40

【ㄴ】

나는 어떻게 생각을 할 수 있을까?　148

나라를 버린 아이들　121

나무마을 동만이　121

나의 첫 세계여행　134, 201, 202, 244, 250

나의 첫 지도 여행　136, 201, 246, 247

나침반-북쪽을 가리키는 길잡이 자석　95, 182

내 친구 마술새　90

네스를 찾아 떠난 꼬마 유령들　89

넥타이를 잘라버린 백남준　118

노동현장의 아이들　16

노예가 되기　16

녹두꽃　115

누구 그림자일까?　113

눈의 중인 가이드 시리즈　35

뉴 잉글랜드 입문서　15

뉴스 툰　154

뉴욕 이야기　155

늑대　35

늑대 해리에게 가족이 생겼어　148

【ㄷ】

다산인권센터　154

다시 찾는 우리 역사　152

정보책에서 길찾기
I. 지도 편

초판 인쇄   2007년 2월 5일
초판 발행   2007년 2월 10일

지은이   현은자 외
펴낸이   박찬익
펴낸곳   정인출판사

주   소   130-070 서울시 동대문구 용두동 129-162
전   화   02) 922-1334
전   송   02) 925-1334
홈페이지   http://www.junginbook.com
E-mail   book@junginbook.com
온 라 인   (국민) 576037-01-001536
등   록   1999년 11월 20일 제6-0467호

ISBN 978-89-89432-44-9 93370
값 15,000원

* 잘못된 책은 바꾸어 드립니다.